\ 超実戦的！/

JLPT

JLPT
Real
Practice
Tests

リアル 模試

N3

日 本 語 能 力 試 験

JN087574

AJオンラインテスト株式会社 著

アルク

はじめに

　かつては学習者であり、現在日本語教育に携わっている私の経験から、読者の皆さんにお伝えしたいことがあります。

　日本語の学習は人生と似ています。失敗や間違いから正解を見つけ出す過程が大切なのであり、失敗や間違いを恐れる必要はありません。語学はどんなに勉強しても終わりはなく、完璧もあり得ません。特に、JLPTのような試験では常に未知との遭遇を覚悟しなければなりません。そのため、私は皆さんがたくさん間違えてくれることを望んで、この本を作りました。本番に近い模試に挑んで試験の形式に慣れるだけではなく、間違いの中から学ぶことによって、皆さんはさらに成長し、合格に近づくことができるでしょう。

　この「JLPTリアル模試」で完璧な結果を出す必要はありません。間違いを恐れず、日本語能力試験合格とその先にある人生の夢に向かって進んでいってくれることを、心より望んでいます。

AJオンラインテスト株式会社 代表　キム・ユヨン

I would like to share something with you based on my experience as someone who was a student and is now involved in Japanese language education.

Learning Japanese is like life. The process of finding the correct answers from mistakes is important, and there is no need to worry about mistakes. No matter how much you study, language learning never ends, and you can never be perfect. With a test like the JLPT in particular, you must always be prepared to encounter the unknown. For that reason, I created this book while hoping that you will make lots of mistakes. By not only taking practice tests similar to the actual test to get used to the test format, but also learning from your mistakes, you can further grow and get closer to passing.

It's not necessary to get a perfect score on this "JLPT Real Practice Test". I sincerely hope that you pass the Japanese Language Proficiency Test and afterwards move towards your life's dreams.

한 때 여러분과 마찬가지로 일본어를 공부하는 학생이었으며, 현재 일본어 교육 분야에서 활동하고 있는 저의 경험을 바탕으로 독자 여러분께 간단히 인사말을 전해드리고자 합니다.

돌이켜 보면 일본어 공부 또한 우리들의 인생과 많이 닮아 있는 것은 아닌가 하는 생각이 듭니다. 결과가 중요하다고는 하지만, 저는 문제풀이처럼 실패나 실수로부터 정답을 찾아가는 과정이야 말로 삶과 공부 모두에 있어서 그 무엇보다 소중하다고 생각합니다. 그래서 우리들은 누구나가 경험할 수밖에 없는 실패나 실수를 두려워해서는 안 된다고 생각합니다. 마찬가지로 시험범위라는 것이 존재하지 않는 어학에서 완벽이라는 것이 있을 수 없으며, 특히 JLPT와 같은 시험에서 여러분은 항상 미지와의 조우를 각오해야 합니다. 저는 여러분이 실전과 유사한 모의고사를 응시하는 것을 통해 실제 시험의 형식에 익숙해지는 것뿐만 아니라 실제 언어생활에서 만날 수 있는 많은 실수와 오류를 미리 범해 볼 수 있기를 바랍니다. 그 과정 속에서 여러분은 성장할 수 있을 것이며 합격에 가까워질 수 있을 것이라고 생각합니다.

여러분들은 "JLPT 리얼 모의고사" 에서 반드시 완벽한 결과를 낼 필요는 없습니다. 저는 여러분들이 실패와 실수를 두려워하지 말고 도전하는 과정 속에서 일본어능력시험 합격과 그 앞에 있을 인생의 꿈을 향해 나아갈 수 있을 것이라 믿어 의심치 않습니다.

我曾经学习过日语，现在从事日语教学工作，我想跟各位读者分享一些心得。

日语学习就像我们的人生。从失败和错误中找出正确答案的过程非常重要，所以不必害怕失败和错误。语言的学习没有止境，也没有完美无缺。特别是在JLPT这样的测试中，大家要做好思想准备，未知无时无处不在。因此，我希望大家能够多犯错，于是写了这本书。希望大家不仅可以挑战与正式测试相似的模拟测试，习惯测试的形式，还能通过从错误中学习，实现进一步的成长，提高测试合格的可能性。

使用这本《JLPT真题模拟测试》，没有必要追求一份完美的答卷。我由衷地希望大家不惧错误，朝着日语能力测试合格的目标以及之后的人生梦想不断进取。

Trước đây tôi từng là một học viên học tiếng Nhật, và hiện nay tôi là một người hoạt động trong lĩnh vực giáo dục tiếng Nhật, với những kinh nghiệm đó, tôi có một số thông điệp muốn chuyển tới Quý độc giả.

Việc học tiếng Nhật cũng giống như cuộc đời vậy. Quá trình tìm ra đáp án đúng từ những thất bại và sai lầm là rất quan trọng; vì vậy chúng ta không cần phải sợ thất bại và sai lầm. Ngôn ngữ thì học bao nhiêu cũng không có điểm kết, và cũng không có gì được gọi là hoàn hảo cả. Đặc biệt, chúng ta cần giác ngộ rằng trong những kỳ thi như JLPT thì chúng ta luôn gặp phải những điều chưa biết. Chính vì vậy, nên tôi đã biên soạn ra cuốn sách này với hy vọng là các bạn sẽ sai thật nhiều! Không chỉ có làm quen với hình thức của kỳ thi thông qua việc thi các kỳ thi mô phỏng gần giống với kỳ thi thật, mà chính thông qua việc học từ những sai lầm sẽ giúp cho các bạn trưởng thành hơn và đỗ được các kỳ thi!

Các bạn không cần phải tạo ra kết quả hoàn hảo cho "Kỳ thi mô phỏng JLPT thực tế". Từ tận đáy lòng mình, tôi mong các bạn hãy hướng đến việc thi đỗ kỳ thi Năng lực tiếng Nhật và những ước mơ khác trong cuộc đời!

目次　Contents

この本の特長

❶ 試験のデータを徹底分析し、本当に必要な知識を厳選

　著者団体のAJオンラインテスト株式会社（以下、AOT）が日本語能力試験（JLPT）の問題を独自のAIシステムを利用して長年徹底分析してきた膨大なデータから、「実際に試験に出る、リアルな語彙や表現、文法」を厳選し、作問しています。

❷ AIを利用して、3段階の難易度を算出

　問題の難しさは、語彙や文法の使い方、質問の仕方などさまざまな要素によって変化します。本書は日本語レベルに加え、AOTが運営するオンライン模試（以下、ioJLPT。詳しくは右ページ参照）を受けた日本語学習者の受験結果をAIで分析し、「リアルな間違えやすさ」を基準に、各問題に難易度（3段階）を提示しています。（読解問題は、文章の長さや漢字の比率、使用されている語のレベルによって、文章として総合的に算出した難易度を提示）

　従って、一見簡単そうに見えるのに難易度が高い問題は「注意すべき問題」ということになるので、解答する際にも復習する際にもしっかりと注意を払いましょう。

　自分の実力や課題を見極める参考にしてください。

❸ オンライン模試を1回無料で受験できる（本紙と合わせて実質3回分！）

　本書の模試（2回分）に加えて、オンライン模試を1回無料で受けられます。勉強を始める前の力試しや試験直前の最終チェックなど、自分の好きなタイミングで利用できます。

この本の使い方

　別冊の問題用紙を取り外し、最後のページにある解答用紙を切り取って使いましょう。

効果的に模擬試験を使うポイント

・模擬試験は途中で止めずに、時間を測りながら本試験と同じ形式で行いましょう。
・第1回の目的は「問題形式、試験時間の長さ、その時点での実力の確認」で、第2回やオンライン模試の目的は「前回よりどの程度実力が伸びたかの確認」です。2回分一気に解くのではなく、目的に沿ったスケジュールを考えて使いましょう。

おすすめのスケジュール

❶ 第1回模擬試験を行う。 試験の数カ月前

　→自分の苦手分野を確認。苦手分野を中心に学習しましょう。

❷ AOTオンライン模試に挑戦する。 試験の2カ月前

　→学習の成果を確認。得点が伸びない分野があれば、重点的に学習しましょう。

❸ 第2回模擬試験を行う。 試験2週間前

　→間違ってしまった問題は、最後の追い込みでしっかりモノにしましょう。

オンライン模試無料受験について

　「ioJLPT」は、AOTが提供している、日本語能力試験の模擬テストシステムです。本書をお使いの方は、スマホやパソコンから1回分無料のオンライン模試を受験することができます。

　詳しい利用方法は、下記の案内ページからご確認ください。

※オンライン模試の利用には、以下のIDとパスワードが必要です。

ID：n3alcmoshi
パスワード：alcjrptN3
https://onlinejlpt.com/iotutor/realmoshi

聴解試験音声のダウンロードについて

　本書聴解試験の音声は、パソコンやスマートフォンに無料でダウンロードできます。

💻 パソコンの場合

①アルクのダウンロードセンターにアクセスする。

　https://portal-dlc.alc.co.jp

②商品コード「7023014」か「JLPTリアル模試N3」で検索して、この本の音声ファイル（zip形式で圧縮）をダウンロードする。

📱 スマートフォン／タブレットの場合

①無料アプリ「booco」をインストールする。

https://s.alc.jp/3dSKxS4

②boocoのホーム画面の「さがす」から商品コード「7023014」か「JLPTリアル模試N3」で検索して、この本の音声をダウンロードする。

※boocoは、アプリ上で音声を再生できます。

日本語能力試験（JLPT）について

●日本語能力試験とは

　日本語能力試験は、日本語を母語としない人の日本語能力を測定する試験です。日本語力の測定に加え、就職、昇給・昇格、資格認定への活用など、受験の目的は多岐にわたります。

●N3試験問題の構成、基準点と合格点

　日本語能力試験N3の試験は、「言語知識（文字・語彙）」「言語知識（文法）＋読解」「聴解」の3科目に分かれています。3科目の得点を合計した総合得点95点以上で合格です。ただし、「言語知識」「読解」「聴解」の得点区分ごとに「基準点」があり、どれか一つでも基準点より低いと、総合得点がどんなに高くても、不合格になるので注意が必要です。

	試験科目		時間	得点区分と基準点		合格基準
①	言語知識	文字・語彙	30分	①	19点	総合得点95点以上 ＆全区分基準点以上
②	言語知識	文法	70分			
	読解			②	19点	
③	聴解		40分	③	19点	

　詳しい試験内容の説明は、主催団体のホームページに掲載されています。試験を受ける前に確認しておきましょう。

日本語能力試験公式ウェブサイト：https://www.jlpt.jp

●N3認定の目安

　各レベルの認定の目安は【読む】【聞く】という言語行動で表されています。それぞれのレベルには、これらの言語行動を実現するための言語知識が必要です。N3認定の目安は以下のようになります。

> 　日常的な場面で使われる日本語をある程度理解することができる
> 【読む】
> ・日常的な話題について書かれた具体的な内容を表す文章を、読んで理解することができる。
> ・新聞の見出しなどから情報の概要をつかむことができる。
> ・日常的な場面で目にする難易度がやや高い文章は、言い換え表現が与えられれば、要旨を理解することができる。
> 【聞く】
> ・日常的な場面で、やや自然に近いスピードのまとまりのある会話を聞いて、話の具体的な内容を登場人物の関係などとあわせてほぼ理解できる。

日本語能力試験公式ウェブサイトより　https://www.jlpt.jp/about/levelsummary.html

●N3大問のねらい

　各試験科目で出題する問題を、測ろうとしている能力ごとにまとめたものを「大問」と呼びます。各大問には、複数の小問が含まれます。N3レベルの各大問のねらいは以下の通りです。

試験科目 (試験時間)			問題の構成	
			大問	ねらい
言語知識 (30分)	文字・語彙	1	漢字読み	漢字で書かれた語の読み方を問う
		2	表記	ひらがなで書かれた語が、漢字でどのように書かれるかを問う
		3	文脈規定	文脈によって意味的に規定される語が何であるかを問う
		4	言い換え類義	出題される語や表現と意味的に近い語や表現を問う
		5	用法	出題語が文の中でどのように使われるのかを問う
言語知識 ・ 読解 (70分)	文法	1	文の文法1 (文法形式の判断)	文の内容に合った文法形式かどうかを判断することができるかを問う
		2	文の文法2 (文の組み立て)	統語的に正しく、かつ、意味が通る文を組み立てることができるかを問う
		3	文章の文法	文章の流れに合った文かどうかを判断することができるかを問う
	読解	4	内容理解（短文）	生活・仕事などいろいろな話題も含め、説明文や指示文など150〜200字程度の書き下ろしのテキストを読んで、内容が理解できるかを問う
		5	内容理解（中文）	書き下ろした解説、エッセイなど350字程度のテキストを読んで、キーワードや因果関係などが理解できるかを問う
		6	内容理解（長文）	解説、エッセイ、手紙など550字程度のテキストを読んで、概要や論理の展開などが理解できるかを問う
		7	情報検索	広告、パンフレットなどの書き下ろした情報素材（600字程度）の中から必要な情報を探し出すことができるかを問う
聴解 (40分)		1	課題理解	まとまりのあるテキストを聞いて、内容が理解できるかどうかを問う（具体的な課題解決に必要な情報を聞き取り、次に何をするのが適当か理解できるかを問う）
		2	ポイント理解	まとまりのあるテキストを聞いて、内容が理解できるかどうかを問う（事前に示されている聞くべきことをふまえ、ポイントを絞って聞くことができるかを問う）
		3	概要理解	まとまりのあるテキストを聞いて、内容が理解できるかどうかを問う（テキスト全体から話者の意図や主張などが理解できるかを問う）
		4	発話表現	イラストを見ながら、状況説明を聞いて、適切な発話が選択できるかを問う
		5	即時応答	質問などの短い発話を聞いて、適切な応答が選択できるかを問う

日本語能力試験公式ウェブサイトより　https://www.jlpt.jp/guideline/pdf/n3.pdf

The features of this book

❶Truly necessary information has been carefully selected based on a thorough analysis of test data

The author organization AJ Online Test Company Limited (hereinafter AOT) used its unique AI system to thoroughly analyze a huge amount of data over many years about Japanese Language Proficiency Test (JLPT) questions, carefully selected "real vocabulary, expressions, and grammar that actually appear in tests" from this data, and then created the questions.

❷AI was used to calculate 3 levels of difficulty

Question difficulty changes by the use of vocabulary and grammar, questioning methods, and various other elements. In addition to the Japanese language level, this book presents a difficulty level (out of 3 levels) for each question based on "the likelihood of an incorrect answer" after an AI analysis of the test results of Japanese language learners who took online practice tests administered by AOT. (Hereinafter, ioJLPT. For details, see the right page.) (Reading comprehension questions present a difficulty level calculated for the whole passage according to the length of the passage, the proportion of kanji, and the level of the language used.)

Accordingly, a question that at a glance appears easy but has a high difficulty level is labeled as a "question that requires attention", so pay particular attention when answering or reviewing such a question.

Use it as a reference to determine your actual ability and issues.

❸You can take one online practice test for free (There are actually three tests together with this paper!)

In addition to this book's (2) practice tests, you can take one online practice test for free. You can use the tests when you want, such as to test your ability before starting to study or as a final check just before a test.

How to use this book

Remove the separate question sheet, and then cut out the answer sheet at the end of the question sheet.

How to effectively use practice tests

- Do not stop a practice test midway. Take the test in the same way as an actual test while measuring the time
- The objective of the first test is to "check the question formats, length of the exam time, and your current ability", and the objectives of the second test and online practice test are to "check how much you've improved since the last time". Do not take the two tests in one sitting. Take the tests after considering a schedule that aligns with your objectives.

Recommended schedule

❶Take the first practice test. Several months before the test

→ Find your weak points. Study while focusing on your weak points.

❷Try the AOT online test. ⟨ Two months before the test

→ Find out the results of your studying. If there are any sections in which you didn't score better, focus on them in your studying.

❸Take the second practice test. ⟨ Two weeks before the test

→ In the final stretch, master any questions you got wrong.

About the free online practice test

"ioJLPT" is a practice test system for the Japanese Language Proficiency Test administered by AOT. Users of this book can take one online practice test for free using a smart phone or personal computer.

For details on how to take the test, refer to the information page below.

※To take the online practice test, the following ID and Password are needed.

ID：n3alcmoshi
PW：alcjrptN3
https://onlinejlpt.com/iotutor/realmoshi

Downloading the listening comprehension test audio

You can download the audio for this book's listening comprehension test for free by using a personal computer or smart phone.

🖥 Using a PC

① Access the ALC Download Center.   **https://portal-dlc.alc.co.jp**

② Search using PC code "7023014" or "JLPTリアル模試 N3", and then download the audio file of this book (compressed in zip format).

📱 Using a smart phone or tablet

① Install the free app "booco".

https://s.alc.jp/3dSKxS4

② On the home screen of the booco app, from "さがす", search using product code "7023014" or "JLPTリアル模試 N3", and then download the audio of this book.

※The booco app can play the audio.

About the Japanese Language Proficiency Test (JLPT)

●Japanese Language Proficiency Test

The Japanese Language Proficiency Test evaluates the Japanese language ability of people whose native language is not Japanese. In addition to evaluating Japanese language ability, the test has a wide range of objectives, including use in employment, pay raises, promotions, and qualification certification.

● N3 test question composition, sectional pass marks, and passing mark

The Japanese language Proficiency Test Level N3 test is separated into three subjects: "Language knowledge (characters and vocabulary)", "Language knowledge (grammar) + Reading comprehension" and "Listening comprehension". The total score, which is calculated using the scores of the three sections, must be 95 points or higher to pass. However, the scoring sections of "Language knowledge", "Reading comprehension", and "Listening comprehension" have "sectional pass marks". Be aware that if even one sectional pass mark is not met, the examinee is determined to have failed, no matter how high the total score is.

	Test subject		Time	Scoring sections and sectional pass marks		Pass criteria
①	Language knowledge	Characters/ vocabulary	30 minutes	①	19 points	Total of 95 points or higher & sectional pass mark or higher in each section
②	Language knowledge	Grammar	70 minutes			
	Reading comprehension			②	19 points	
③	Listening comprehension		40 minutes	③	19 points	

A detailed explanation of test content is listed on the website of the organizer. Check this information before taking a test.

The Official Worldwide JLPT website: https://www.jlpt.jp

● Standards for N3 certification

The standards for certification of each level are represented by the language behaviors of "reading" and "listening". The language knowledge to realize these language behaviors is needed for each level. The following section lists the standards for N3 certification.

> Able to understand Japanese used in everyday situations to a certain degree.
> "Reading"
> · Able to read and understand written materials with specific contents concerning everyday topics.
> · Able to grasp summary information from material such as newspaper headlines.
> · Able to read slightly difficult texts encountered in everyday situations and understand the main points of the content if alternative expressions are available.
> "Listening"
> · Able to listen to coherent conversations at near natural speed in everyday situations and roughly understand specific content along with character relationships and other details.

From the official Worldwide JLPT Website: https://www.jlpt.jp/about/levelsummary.html

● The aim of N3 major questions

Questions that aggregate the questions that appear in each test subject for each ability to be evaluated are called "major questions". Each major question is made up of multiple minor questions. The following section lists the aims of each major question of the N3 level.

Test subjects (Test time)			Question composition	
			Major question	Aim
Language (30 minutes) knowledge	Characters/Vocabulary	1	Kanji reading	Test reading of words written in kanji
		2	Orthography	Test how to write words written in hiragana in kanji
		3	Contextually defined expressions	Test words whose meaning is defined by context
		4	Paraphrases	Test words and expressions with similar meaning
		5	Usage	Test usage of words in sentences
Language knowledge / Reading comprehension (70 minutes)	Grammar	1	Sentence grammar 1 (Selecting grammatical form)	Test judgement whether the grammatical form matches the sentence content
		2	Sentence grammar 2 (Sentence composition)	Test construction of syntactically correct and meaningful sentences
		3	Text grammar	Test judgment whether a sentence matches the flow of a passage
	Reading comprehension	4	Comprehension (short passages)	Test reading and understanding of original texts of approximately 150 to 200 characters, such as explanatory notes and instructions, including various topics such as life and work
		5	Comprehension (mid-sized passages)	Test reading of texts of about 350 characters, such as original commentaries and essays, and understanding of keywords and causal relationships
		6	Comprehension (long passages)	Test reading of texts of about 550 characters, such as commentaries, essays, and letters, and understanding of synopses, logical development, and other details
		7	Information retrieval	Test ability to retrieve necessary information from original informational materials such as advertisements and brochures (approximately 600 characters)
Listening comprehension (40 minutes)		1	Task-based comprehension	Test understanding of contents while listening to coherent texts (test ability to comprehend information to resolve specific issues and understand appropriate action to take)
		2	Comprehension of key points	Test understanding of contents while listening to coherent texts (test ability to narrow down points based on things to listen for presented in advance)
		3	Comprehension of general outline	Test understanding of contents while listening to coherent texts (test understanding of speaker's intention and ideas from overall text)
		4	Verbal expressions	Test ability to listen to situational descriptions while looking at illustrations and selecting appropriate verbal expressions
		5	Quick response	Test ability to select appropriate responses while listening to short utterances such as questions

From the official Worldwide JLPT Website: https://www.jlpt.jp/guideline/pdf/n3.pdf

이 책의 특장점

❶ 철저한 시험 데이터 분석을 통해 정말로 필요한 지식만을 엄선

주식회사 AJ Online Test (이하, AOT)가 독자 개발한 AI 시스템을 통해 장기간에 걸쳐 일본어능력시험(JLPT) 문제를 철저하게 분석하여 "실제로 시험에 나올 수 있는 리얼한 어휘와 표현 그리고 문법"을 엄선하여 제작하였습니다.

❷ AI를 이용한 3단계 난이도 산출

문제의 난이도는 어휘나 문법 용례, 질문 방법 등 다양한 요소에 의해 결정됩니다. 이 책은 각 문제의 일본어 자체의 난이도 뿐만 아니라 AOT가 운영하고 있는 온라인 모의고사(이하, ioJLPT. 자세한 내용은 오른쪽 페이지 참조)를 응시한 일본어 학습자의 응시결과를 AI를 통해 종합적으로 분석하여, 더욱 "리얼한 난이도"(3단계)를 제시합니다. (독해 문제는 문장의 길이나 한자의 비율, 사용된 단어의 레벨에 따라 종합적으로 산출된 난이도를 제시)

따라서, 언뜻 보기에 간단해 보이지만 난이도가 높은 문제는 특히 "주의해야 할 문제"이기 때문에 문제를 풀 때에도 복습할 때에도 주의를 기울일 필요가 있습니다.

이는 스스로의 실력과 앞으로의 학습 방향 진단에 참고가 될 수 있을 것입니다.

❸ 온라인 JLPT 모의고사 1회 무료 응시 (이 책 포함 합계 3회분의 모의고사!)

이 책의 모의고사(2회분)에 더해, 온라인 JLPT 모의고사를 1회 무료로 응시할 수 있습니다. 공부를 시작하기 전 실력진단이나, 시험 직전 최종 체크 등, 여러분이 원하는 타이밍에 온라인 JLPT 모의고사를 활용해 주세요.

이 책의 사용법

별책의 문제용지 맨 뒷장에 있는 해답용지를 잘라내어 사용해 주세요.

효과적인 모의시험을 위한 포인트

· 모의시험은 도중에 멈추지 말고 시간을 재면서 실제 시험과 동일한 조건에서 응시해 주세요.
· 제1회 시험의 목적은 "문제 형식, 시험 시간 파악 및 현 시점에서의 실력 확인"입니다. 그리고 제2회와 온라인 시험의 목적은 "전 회보다 얼마나 실력이 향상되었는가에 대한 확인"입니다. 따라서 2회분 시험을 한 번에 푸는 것이 아니라, 목적에 맞게 스케줄을 고려하면서 풀어주세요.

추천 스케줄

❶ 제1회 모의시험 응시   본 시험 응시 수개월 전
   → 자신의 약점 분야 확인하고, 그 분야를 중심적으로 학습합니다.
❷ AOT 온라인 모의고사 응시   시험 2개월 전
   → 지금까지의 학습 성과를 확인하고 점수가 향상되지 않는 분야가 있다면 중점적으로 학습합니다.

❸ 제2회 모의시험 응시 ← 시험 2주 전
　→ 틀린 문제는 막판 스퍼트를 위해 착실하게 자신의 것으로 만들어 둡니다.

온라인 무료 모의고사 안내

　「ioJLPT」는 AOT가 제공하고 있는 모의 일본어능력시험 온라인 테스트 시스템입니다. 이 책을 구입하시는 분은 핸드폰이나 PC를 통해 1회 분의 온라인 모의고사를 무료로 응시하실 수 있습니다.
　구체적인 이용방법은 다음의 페이지를 참고해 주세요.
※온라인 모의 시험을 응시하려면 다음의 아이디와 비밀번호가 필요합니다.

아이디 : n3alcmoshi
비밀번호 : alcjrptN3
https://onlinejlpt.com/iotutor/realmoshi

청해시험 듣기평가 파일 다운로드 안내

　이 책의 청해 시험의 듣기평가 파일은 컴퓨터나 스마트폰을 통해 무료로 다운로드 할 수 있습니다.

🖥 PC 이용시
① 아르크의 다운로드 센터에 접속합니다.
　https://portal-dlc.alc.co.jp
② PC 코드 「7023014」 혹은 「JLPT リアル模試 N3」 로 검색하여 이 책의 음성 파일(zip 형식으로 압축)을 다운로드 합니다.

📱 스마트폰/태블릿 이용시
① 무료 앱 「booco」 을 인스톨 합니다.

https://s.alc.jp/3dSKxS4

② booco 홈페이지 화면의 「さがす」 에서 상품코드 「7023014」 혹은 「JLPT リアル 模試 N3」 로 검색하여 이 책의 청취 파일을 다운로드합니다.

※ booco 앱 상에서 청취파일을 재생할 수 있습니다.

일본어능력시험(JLPT) 안내

●일본어능력시험이란

일본어능력시험은 일본어를 모국어로 하지 않는 사람의 일본어능력을 측정하기 위한 시험입니다. 그리고 일본어능력 뿐만 아니라, 취업, 승진, 자격인정 등에 활용할 수 있는 등, 수험생들의 응시 목적은 다양합니다.

●N3 시험문제의 구성, 과락과 합격점

일본어능력시험 N3은 "언어지식(문자·어휘)와 "언어지식(문법)+독해" 그리고 "청해", 세 파트로 구성되어 있습니다. 세 파트의 득점 합계가 95점 이상이면 합격입니다. 단, "언어지식", "독해", "청해" 각 파트에는 "과락 점수"가 설정되어 있기 때문에, 어느 파트 하나라도 과락 점수보다 낮으면 종합 점수가 아무리 높다고 하더라도 불합격이 되기 때문에 주의해야 합니다.

	시험 과목		시간	파트 별 과락 점수		합격 기준
①	언어지식	문자 · 어휘	30분	①	19점	종합 점수 95점 이상 & 전 파트 과락점수 이상
②	언어지식	문법	70분			
	독해			②	19점	
③	청해		40분	③	19점	

상세한 시험내용에 대한 설명은 주관사 홈페이지에 게재되어 있습니다. 시험에 응시하기 전에 확인해 두시기 바랍니다.

일본어능력시험 공식 웹사이트 : **https://www.jlpt.jp**

●N3 인정 기준

각 레벨의 인정 기준은 언어행동 중 【읽기】【듣기】를 기준으로 합니다. 각 레벨에는 이들 언어행동을 위한 언어지식이 필요합니다. 구체적인 N2 인정 기준은 다음과 같습니다.

일상적인 상황에서 사용되는 일본어를 어느 정도 이해할 수 있다.

【읽기】
· 일상적인 화제를 다룬 구체적인 내용의 문장을 읽고 이해할 수 있다.
· 신문의 표제어 등으로부터 정보의 개요를 파악할 수 있다.
· 일상적인 상황에서 눈에 띄는 다소 난이도가 높은 문장은 다른 표현으로 바꾸어 제시하면 요지를 이해할 수 있다.

【듣기】
· 일상적인 상황에서 자연스러운 문장에 가까운 속도보다 다소 느린 속도로 진행되는 일관성 있는 내용의 회화를 듣고 등장인물의 관계를 고려하여 구체적인 내용을 거의 이해할 수 있다.

일본어능력시험 공식 웹사이트 발췌 : https://www.jlpt.jp/about/levelsummary.html

●N3의 문제 유형 및 취지

측정하고자 하는 능력별로 각 시험과목에 출제되는 문제를 분류한 것을 문제 유형이라고 합니다. 각 문제 유형에는 다수의 문제가 포함되며, N3 레벨의 각 유형 별 취지는 다음과 같습니다.

시험과목 (시험시간)			문제 구성	
			문제 유형	취지
언어지식 (30분)	문자·어휘	1	한자 읽기	한자로 쓰여진 어휘의 읽는 방법을 묻는 유형
		2	표기	히라가나로 쓰여진 어휘의 올바른 한자표기를 묻는 유형
		3	문맥 규정	문맥에 맞는 적절한 어휘를 고르는 유형
		4	유의 표현	주어진 어휘나 표현과 비슷한 의미의 어휘나 표현을 찾는 유형
		5	용법	제시된 어휘가 올바르게 쓰였는가를 묻는 유형
언어지식·독해 (70분)	문법	1	문법1 (문법 형식 판단)	문장의 내용에 맞는 문법 형식인지 아닌지를 판단할 수 있는가를 묻는 유형
		2	문법2 (문장 배열)	통어적으로 적절하고 의미가 통하는 문장으로 올바르게 배열할 수 있는 지를 묻는 유행
		3	문법3 (문장 흐름)	글의 흐름에 맞는 문장인지 아닌지를 판단할 수 있는가를 묻는 유형
	독해	4	내용 이해 (단문)	일상생활의 다양한 화제의 설명문이나 지시문 등 150~200자 정도의 지문을 읽고 그 내용을 이해할 수 있는지를 묻는 유형
		5	내용 이해 (중문)	새로 쓴 해설, 에세이 등 350자 정도의 지문을 읽고, 키워드나 인과관계 등을 이해할 수 있는지를 묻는 유형
		6	내용 이해 (장문)	해설, 에세이, 편지 등 550자 정도의 지문을 읽고 개요나 논리 전개 등을 이해할 수 있는지를 묻는 유형
		7	정보 검색	광고, 팜플렛 등 새로 쓴 정보를 담고 있는 지문(600자 정도) 속에서 필요한 정보를 찾아내는 것이 가능한지를 묻는 유형
청 해 (40분)		1	과제 이해	논지가 명확한 대화를 듣고 내용을 이해할 수 있는지를 묻는 유형(구체적인 문제 해결에 필요한 정보를 파악하고 이어서 무엇을 해야 좋은지를 이해할 수 있는지를 묻는 유형)
		2	포인트 이해	논지가 명확한 대화를 듣고 내용을 이해할 수 있는지를 묻는 유형(먼저 제시되는 반드시 들어야만 하는 내용을 바탕으로 포인트를 파악하면서 듣는 것이 가능한지를 묻는 유형)
		3	개요 이해	논지가 명확한 대화를 듣고, 내용을 이해할 수 있는지를 묻는 유형(대화 전체에서 화자의 의도나 주장 등을 이해할 수 있는지를 묻는 유형)
		4	발화 표현	일러스트를 보면서 상황 설명을 듣고, 적절한 발화를 선택할 수 있는지를 묻는 유형
		5	즉시 응답	질문 등의 짧은 발화를 듣고, 적절한 응답을 선택할 수 있는지를 묻는 유형

일본어능력시험 공식 웹사이트 발췌 : https://www.jlpt.jp/guideline/pdf/n3.pdf

本书特点

❶彻底分析测试数据，精选真正必要的知识

作者团体的AJ Online Test株式会社（以下简称"AOT"）多年来利用独有的AI系统对日本语能力测试（JLPT）的考题进行分析，从庞大的数据中精选出"实际测试中会出现的词汇、表达和语法的真题"，编写了试题。

❷利用AI技术，计算出3个等级的难度

根据词汇、语法的使用方法、提问方式等各种因素，问题的难度会发生变化。本书中利用AI技术对参加引入日语等级的AOT线上模拟测试（以下简称"ioJLPT"。详情参阅右页）的日语学习者的测试结果进行分析，以"真实的易出错点"为标准，提出各问题的难度（3个等级）。（根据文章的长度、汉字的比例、使用词语的水平，显示综合计算出阅读问题的文章难度）

因此，乍一看很简单而其实难度很高的问题属于"应注意的问题"，答题时和复习时都需要充分注意。

请用作认清自身实力和课题的参考。

❸可以免费参加1次线上模拟测试（加上本书，实质上一共参加3次！）

除了本书的模拟测试（2次）外，还可以免费参加1次线上模拟测试。可以根据自身需要，在任意时间点参加测试，如作为开始学习前的摸底测试或临考前的最终测试等。

本书的使用方法

拆下另附的试卷，剪下试卷最后的答题纸后使用。

有效利用模拟测试的要点

· 建议模拟测试过程中不要中断，采用与正式测试相同的形式计时进行。
· 第1次测试的目的是"确认问题形式、测试时间长度、当时的实力情况"，第2次测试和线上模拟测试的目的是"确认实力较上一次提升了多少"。建议不要一次性做完2次测试，应根据目的按照时间计划进行测试。

建议时间计划

❶进行第1次模拟测试。 正式测试的数月前
　→找出自身的短板内容。主要学习短板内容。

❷挑战AOT线上模拟测试。 正式测试的2个月前
　→检验学习成果。如果有得分未能提高的部分，建议重点学习。

❸进行第2次模拟测试。 正式测试的2周前
　→对于答错的问题，建议在最后冲刺阶段要切实掌握。

关于免费参加线上模拟测试

　"ioJLPT" 是 AOT 提供的日本语能力测试的模拟测试系统。本书的读者可以使用智能手机或电脑免费参加1次线上模拟测试。

　详细的使用方法请参阅以下说明页。

※参加线上模拟测试，需要使用以下 ID 与密码。

ID：n3alcmoshi

密码：alcjrptN3

https://onlinejlpt.com/iotutor/realmoshi

关于听力测试音频下载

　本书听力测试的语音可以免费下载到电脑或智能手机上。

💻 使用PC时

①访问 Alc 的下载中心。

　https://portal-dlc.alc.co.jp

②使用 PC 代码 "7023014" 或 "JLPT リアル模試　N3" 搜索，下载本书的音频文件（zip压缩包）。

📱 使用智能手机 ／ 平板电脑时

①安装免费 APP "booco"。

https://s.alc.jp/3dSKxS4

②在 booco 主页面的 "さがす" 中使用商品代码 "7023014" 或

　"JLPT リアル模試　N3" 搜索，下载本书的音频。

※booco 可以在 APP 上播放音频。

关于日本语能力测试（JLPT）

●什么是日本语能力测试

日本语能力测试是以母语非日语学习者为对象，进行日语能力认定的测试。除了日语能力认定外，测试目的还包括就业、升职加薪、资质认定等多个范围。

●N3 测试问题的构成、标准分和及格分

日本语能力测试N3的测试分为"语言知识（文字、词汇）""语言知识（语法）、阅读""听力"3个科目。3个科目的得分合计后的综合得分满95分及格。但需要注意的是，"语言知识"、"阅读"、"听力"的各得分分类分别设有"标准分"，如果各单项得分中有一项没有达到标准分，那么无论综合得分多高都不能视为及格。

	测试科目		时间	得分分类与标准分		及格标准
①	语言知识	文字、词汇	30分钟	①	19分	
②	语言知识	语法	70分钟			综合得分满95分
	阅读			②	19分	&所有单项得分达到标准分
③	听力		40分钟	③	19分	

测试内容的详细说明刊载在主办团体的主页上。建议测试前浏览相关内容。

日本语能力测试官方网站：https://www.jlpt.jp

●N3 评定标准

各等级的评定标准以【读】【听】的语言行为表示。各等级分别需要一定的语言知识，以实现这些语言行为。N3评定标准如下。

一定程度上能够理解在日常场合使用的日语。

【读】

· 阅读并能够理解就日常话题编写的表达具体内容的文章。

· 能够根据报纸标题等完全理解信息概要。

· 对于在日常场合下看到的难度较高的文章，改换不同的表达方式，也能够理解要点。

【听】

· 收听在日常场合下比较接近自然语速、内容完整的会话，能够结合出场人物的关系等大致理解对话的具体内容。

摘自日本语能力测试官方网站：https://www.jlpt.jp/about/levelsummary.html

●N3大问题的考察点

各测试科目中按照准备评定的能力对问题进行汇总，汇总的问题叫做"大问题"。各项大问题中设有多个小问题。N3等级各项大问题的考察点如下。

测试科目 （测试时间）			问题构成	
			大问题	考察点
语言知识 （30分钟）	文字、词汇	1	汉字读音	考察汉字词语的读音
		2	书写	考察平假名词语的汉字写法
		3	语境规则	考察根据上下文语义规定的词语
		4	改换同义词	考察与题目中的词语及表达意思相近的词语及表达
		5	用法	考察词语在句子中如何使用
语言知识·阅读 （70分钟）	文法	1	句子语法1 （语法形式的判断）	考察判断语法形式是否符合句子内容的能力
		2	句子语法2 （句子结构）	考察能否组成句法正确且意思成立的句子
		3	文章语法	考察判断句子是否符合文章脉络的能力
	阅读	4	内容理解 （短篇文章）	阅读包括生活、工作等各种话题在内的说明文和指示文等150～200字左右的文本，考察能否理解内容
		5	内容理解 （中篇文章）	阅读编写的解说、随笔等350字左右的文本，考察能否理解关键词和因果关系等
		6	内容理解 （长篇文章）	阅读解说、随笔、书信等550字左右的文本，考察能否理解概要和逻辑的展开等
		7	信息检索	考察能否从广告、宣传册等编写的信息素材（600字左右）中找出必要信息
听力 （40分钟）		1	课题理解	收听内容完整的文本，考察能否理解内容（考察能否听懂解决课题所需的具体信息，并理解下一步应该做什么）
		2	要点理解	收听内容完整的文本，考察能否理解内容（考察能否根据事先提示的需了解内容来集中听取要点）
		3	概要理解	收听内容完整的文本，考察能否理解内容（考察能否根据整篇文本理解说话人的意图和主张等）
		4	语言表达	看插图，听情况说明，考察能否选择正确的表达
		5	即时回答	考察听到提问等简短发言时能否选出正确回答

摘自日本语能力测试官方网站：https://www.jlpt.jp/guideline/pdf/n3.pdf

Đặc trưng của cuốn sách này

❶ Lựa chọn nghiêm ngặt những kiến thức thật sự cần thiết trên cơ sở phân tích triệt để dữ liệu các cuộc thi

Thi Online AJ Công ty cổ phần (dưới đây gọi là AOT), thuộc Hiệp hội tác giả, đã lựa chọn nghiêm ngặt ra "Các từ vựng, mẫu câu, ngữ pháp thực tế xuất hiện trong các kỳ thi" từ cơ sở dữ liệu khổng lồ đã được phân tích triệt để từ các đề thi Năng lực tiếng Nhật (JLPT) trong nhiều năm bằng AI riêng của Công ty, và xây dựng các đề thi.

❷ Sử dụng AI để tạo ra các câu hỏi với 3 cấp độ khó dễ

Độ khó của câu hỏi thay đổi tùy thuộc vào rất nhiều yếu tố khác nhau như cách sử dụng từ vựng, ngữ pháp, cách đặt câu hỏi. Cuốn sách này thì, bên cạnh cấp độ tiếng Nhật, còn dựa trên dữ liệu phân tích kết quả thi của các học viên đã dự kỳ thi mô phỏng online do AOT (dưới đây gọi là io JLPT, chi tiết mời tham khảo trang bên phải). vận hành, và dựa vào "mức độ dễ sai trên thực tế", để đưa ra mức độ khó dễ của mỗi đề bài (3 cấp độ). (Đề bài đọc hiểu thì thể hiện mức độ khó dễ đã được tính toán một cách tổng thể trong cả đoạn văn, dựa vào độ dài của đoạn văn, tỷ lệ chữ Hán, cấp độ từ được sử dụng).

Chính vì thế, ngay cả những đề bài dù nhìn thoạt qua có vẻ dễ, nhưng thực chất lại có độ khó cao thì sẽ là "bài cần chú ý", nên luôn cần lưu ý kể cả khi giải bài lần khi ôn bài.

Các bạn hãy tham khảo để hiểu rõ thực lực của mình và tìm ra bài tập phù hợp cho mình.

❸ Bạn có thể dự kỳ thi mô phỏng online miễn phí 1 lần nhé! (thực chất là bạn sẽ được dự thi 3 lần tất cả nếu gộp cả bài thi trong sách này!).

Cùng với kỳ thi mô phỏng trong cuốn sách này (2 lần), bạn sẽ được dự kỳ thi mô phỏng online miễn phí 1 lần nữa. Bạn có thể sử dụng những kỳ thi này vào thời điểm bạn muốn, dù đó là trước khi bước vào quá trình học tập để biết năng lực của mình, hay là ngay trước khi tham dự kỳ thi để tự xác nhận lại lần cuối.

Cách sử dụng cuốn sách này

Các bạn hãy tháo rời tập đề bài đính kèm, và hãy cắt rời tờ giấy điền đáp án ở cuối của tập đề bài đính kèm, rồi sau đó hãy sử dụng sách nhé!

Điểm quan trọng khi sử dụng kỳ thi mô phỏng một cách hiệu quả

• Bạn hãy vừa đo thời gian vừa làm bài thi mô phỏng đến cuối cùng, đừng bỏ cuộc giữa chừng, hãy làm bài y hệt như khi bạn làm bài thi thật.

• Mục đích của lần thi số 1 là để "xác nhận về hình thức đề bài, độ dài của kỳ thi, thực lực của bản thân tại thời điểm đó"; mục đích của lần thi số 2 và thi mô phỏng online là để "xác nhận xem hiện tại thực lực của mình đã nâng cao được bao nhiêu so với lần thi trước đó". Vì vậy bạn không nên làm một mạch cả 2 cuộc thi, mà hãy lên lịch làm 2 bài thi phù hợp với mục đích trên.

Lịch tác giả khuyến nghị

❶ Tiến hành làm bài thi mô phỏng lần 1. **trước kỳ thi thật vài tháng**

→ Xác nhận lĩnh vực mình còn yếu. Xác nhận được rồi thì sau đó hãy học tập trung vào lĩnh vực mình còn yếu.

❷ Thử sức với kỳ thi mô phỏng online AOT trước kỳ thi thật 2 tháng
→ Xác nhận thành quả của quá trình học tập trước đó. Nếu có lĩnh vực nào mà điểm chưa tăng thì hãy tập trung vào đó để học nhiều hơn.

❸ Dự kỳ thi mô phỏng lần thứ 2. trước kỳ thi thật 2 tuần
→ Những bài mà mình làm sai, càng phải học quyết liệt ở những thời gian cuối để biến nó thành kiến thức của mình!

Về tham dự kỳ thi mô phỏng online:

"ioJLPT" là một hệ thống thi mô phỏng kỳ thi Năng lực tiếng Nhật do AOT cung cấp. Những người sử dụng cuốn sách này được tham dự kỳ thi mô phỏng online 1 lần từ điện thoại thông minh hoặc máy vi tính.

Xin mời bạn hãy xác nhận tại trang hướng dẫn dưới đây để hiểu rõ phương pháp sử dụng cụ thể
※Khi sử dụng kỳ thi mô phỏng online, cần dùng ID và Password(mật khẩu) sau:

ID：n3alcmoshi
Password：alcjrptN3
https://onlinejlpt.com/iotutor/realmoshi

Về việc tải âm thanh cho bài thi nghe:

Âm thanh cho bài thi nghe của sách này có thể tải được miễn phí xuống máy vi tính và điện thoại thông minh.

💻 Trường hợp sử dụng PC:
① Kết nối với trung tâm tải của ALC.
　https://portal-dlc.alc.co.jp
② Tìm kiếm với mã PC「7023014」hoặc「JLPTリアル模試 N3」để tải về máy File âm thanh của cuốn sách này (được nén bởi File zip).

📱 Trường hợp sử dụng điện thoại thông minh/ máy tính bảng:
① Cài ứng dụng miễn phí "booco".

https://s.alc.jp/3dSKxS4

② Bằng nút「さがす」hãy tìm kiếm từ booco trên màn hình trang chủ, dùng từ khóa để tìm kiếm là mã sản phẩm「7023014」hoặc「JLPTリアル模試 N3」, để tải về âm thanh của cuốn sách này.

※ booco có thể giúp bật âm thanh trên ứng dụng.

Về Kỳ thi năng lực tiếng Nhật (JLPT)

● Kỳ thi năng lực tiếng Nhật là gì?

Kỳ thi năng lực tiếng Nhật là kỳ thi để đo lường năng lực tiếng Nhật của những người sử dụng tiếng Nhật không phải như tiếng mẹ đẻ. Ngoài mục đích đo lường năng lực tiếng Nhật, kỳ thi này còn có rất nhiều mục đích khác như sử dụng kết quả thi phục vụ cho hoạt động tìm kiếm việc làm, tăng lương - tăng chức, chứng nhận tư cách v.v…

● Cấu trúc của đề thi N3, điểm sàn và điểm đỗ N3

Trong kỳ thi Năng lực tiếng Nhật N3 có 3 môn là "Tri thức ngôn ngữ (chữ - từ vựng); "Tri thức ngôn ngữ (ngữ pháp) + đọc hiểu", và "Nghe hiểu". Tổng điểm đạt từ 95 điểm (điểm đỗ) trở lên sẽ đỗ, tuy nhiên vẫn có điểm tối thiểu phải đạt được cho từng điểm thành phần (điểm sàn), và chỉ cần có 1 điểm thành phần không đạt điểm sàn thì dù tổng điểm có cao bao nhiêu đi chăng nữa, thí sinh vẫn trượt. Đây là điểm cần lưu ý.

	Môn thi		Thời gian	Điểm từng môn và điểm sàn		Điểm đỗ
①	Tri thức ngôn ngữ	Chữ · từ vựng	30 phút	①	19 điểm	Tổng điểm từ 95 trở lên và tất cả các điểm thành phần đạt từ điểm sàn trở lên
②	Tri thức ngôn ngữ	Ngữ pháp	70 phút			
	Đọc hiểu			②	19 điểm	
③	Nghe hiểu		40 phút	③	19 điểm	

Trên Website của Hiệp hội tổ chức kỳ thi có đăng Nội dung giải thích chi tiết về kỳ thi. Các bạn hãy xác nhận trước khi dự thi nhé!

Website của kỳ thi Năng lực tiếng Nhật: **https://www.jlpt.jp**

● Tiêu chuẩn để chứng nhận N3

Tiêu chuẩn chứng nhận các cấp độ được thể hiện thông qua hành vi ngôn ngữ là "đọc" và "nghe". Ở từng cấp độ cần có tri thức ngôn ngữ để thực hiện được các hành vi ngôn ngữ trên. Tiêu chuẩn để chứng nhận N3 như sau:

> Có thể hiểu được ở một mức độ nhất định tiếng Nhật được dùng trong những tình huống của cuộc sống hàng ngày.
>
> 【Đọc】
> · Có thể hiểu khi đọc những đoạn văn thể hiện nội dung cụ thể về những đề tài trong cuộc sống hàng ngày.
> · Có thể nắm được ý chính của thông tin khi nhìn vào tiêu đề của bài báo.
> · Có thể hiểu được đại ý của đoạn văn tương đối khó khi đọc được nó trong một tình huống thường nhật, nếu được giải thích cho bằng một cách nói khác.
>
> 【Nghe】
> · Có thể hiểu được hầu hết nội dung cụ thể của câu chuyện và quan hệ giữa các nhân vật khi nghe một đoạn hội thoại có đủ nghĩa với tình huống thường nhật và có tốc độ nói gần giống với tốc độ tự nhiên.

Trích từ Website của kỳ thi Năng lực tiếng Nhật: https://www.jlpt.jp/about/levelsummary.html

● Mục đích tập hợp câu hỏi của N3

Người ta gọi những các câu hỏi xuất hiện trong các môn thi nhằm đo lường từng năng lực cụ thể là "tập hợp câu hỏi". Trong mỗi tập hợp câu hỏi đều có rất nhiều câu hỏi nhỏ. Mục đích của các tập hợp câu hỏi trong N3 là như sau:

Các môn thi (thời gian thi)			Cấu trúc câu hỏi	
			Câu hỏi chính	Mục đích
Tri thức ngôn ngữ (30 phút)	Chữ . Từ vựng	1	Đọc chữ Hán	Hỏi về cách đọc của các từ được viết bằng chữ Hán
		2	Cách viết	Hỏi xem những từ đã được viết bằng Hiragana được viết bằng chữ Hán như thế nào?
		3	Ngữ nghĩa theo mạch văn	Hỏi về từ ngữ có nghĩa theo mạch văn là gì?
		4	Các cách nói khác	Hỏi về từ và mẫu câu có ý nghĩa gần/ giống với từ và câu được nêu trong bài.
		5	Cách sử dụng	Hỏi về cách sử dụng của từ được nêu trong bài.
Trí thức ngôn ngữ - đọc hiểu (70 phút)	Ngữ pháp	1	Ngữ pháp 1 trong câu (đánh giá hình thức ngữ pháp)	Hỏi xem thí sinh có đánh giá được hình thức ngữ pháp đã phù hợp với nội dung của văn bản hay chưa?
		2	Ngữ pháp 2 trong câu (cấu trúc câu)	Hỏi xem thí sinh có thể tạo ra câu đúng về cấu trúc ngữ pháp và sáng nghĩa hay không?
		3	Ngữ pháp của đoạn văn	Hỏi xem thí sinh có thể đánh giá rằng câu văn đã hợp với trật tự của đoạn văn chưa?
	Đọc hiểu	4	Hiểu nội dung (đoạn văn ngắn)	Cho thí sinh đọc đoạn văn về những chủ đề khác nhau, từ cuộc sống đến công việc, với những câu giải thích và câu chỉ thị, khoảng từ 150 từ đến 200 từ, và kiểm tra xem thí sinh có hiểu được nội dung hay không.
		5	Hiểu nội dung (đoạn văn trung bình)	Cho thí sinh đọc đoạn văn khoảng 350 từ chủ đề bình luận, giải thích, hoặc bài luận v.v..và kiểm tra xem thí sinh có hiểu được các từ khóa và mối quan hệ nhân quả hay không.
		6	Hiểu nội dung (đoạn văn dài)	Cho thí sinh đọc đoạn văn dài khoảng 550 từ các thể loại như văn giải thích, bài luận, thư từ v.v..và hỏi xem thí sinh có hiểu được nội dung chính và ý tưởng của tác giả hay không.
		7	Tìm kiếm thông tin	Kiểm tra xem thí sinh có thể tìm kiếm được thông tin cần thiết từ các nguồn thông tin (lượng từ khoảng 600 từ) bao gồm quảng cáo, tờ rơi hay không.
Nghe hiểu (40 phút)		1	Hiểu vấn đề	Cho thí sinh nghe 1 đoạn có đủ nghĩa và kiểm tra xem thí sinh có hiểu được nội dung không (thí sinh cần nghe để hiểu thông tin cần thiết để giải quyết vấn đề, sau đó hỏi xem thí sinh rằng làm gì là thích hợp).
		2	Hiểu ý chính	Cho thí sinh nghe 1 đoạn có đủ nghĩa, và kiểm tra xem thí sinh có hiểu nội dung hay không (thí sinh cần nghe trước một số thông tin cần thiết, sau đó kiểm tra xem thí sinh có thể nghe ra được ý chính hay không?).
		3	Hiểu đại ý	Cho thí sinh nghe 1 đoạn có đủ nghĩa, và kiểm tra xem thí sinh có hiểu nội dung hay không (hỏi xem thí sinh có hiểu được ý đồ, quan điểm của người nói sau khi nghe hết đoạn băng không).
		4	Lựa chọn câu nói thích hợp	Cho thí sinh xem tranh minh họa, đồng thời cho thí sinh nghe đoạn giải thích, rồi kiểm tra xem thí sinh có lựa chọn được câu nói thích hợp không.
		5	Trả lời câu hỏi tức thì	Cho thí sinh nghe những câu hỏi ngắn, và hỏi xem thí sinh có lựa chọn được câu trả lời phù hợp nhất hay không.

Trích từ Website của kỳ thi Năng lực tiếng Nhật: https://www.jlpt.jp/guideline/pdf/n3.pdf

第1回
だい　　かい

答え
こた

&

聴解
ちょうかい

スクリプト

答え こた た

言語知識（文字・語彙）
げんご ちしき もじ ごい

問題1 → P.03

1	2	3	4	5	6	7	8
4	1	1	1	2	4	2	4

問題2 → P.04

9	10	11	12	13	14
2	2	4	2	1	3

問題3 → P.05

15	16	17	18	19	20	21	22	23	24	25
1	1	4	4	4	2	1	3	3	3	4

問題4 → P.06

26	27	28	29	30
3	2	4	4	1

問題5 → P.07

31	32	33	34	35
4	2	4	2	1

言語知識（文法）・読解
げんご ちしき ぶんぽう どっかい

問題1 → P.11

1	2	3	4	5	6	7	8	9	10
2	3	1	1	4	2	4	3	4	3

11	12	13
1	1	4

問題2 → P.14

14	15	16	17	18
1	1	3	2	2

問題3 → P.16

19	20	21	22	23
1	2	2	3	4

問題4 → P.18

24	25	26	27
3	2	3	4

問題5
→ P.22

28	29	30	31	32	33
4	3	1	1	2	4

問題6
→ P.24

34	35	36	37
2	3	1	4

問題7
→ P.26

38	39
4	3

ちょうかい
聴解

問題1
→ P.31

例	1	2	3	4	5	6
2	1	3	1	3	3	4

問題2
→ P.36

例	1	2	3	4	5	6
3	3	2	3	3	4	3

問題3
→ P.40

例	1	2	3
3	3	4	4

問題4
→ P.41

例	1	2	3	4
1	3	2	2	3

問題5
→ P.44

例	1	2	3	4	5	6	7	8	9
2	2	3	2	1	3	3	3	1	3

模擬試験 採点表

模擬試験の結果を書いて、点数を計算してみましょう。

※ JLPT N3に合格するためには、下の採点表の🅐、🅑、🅒それぞれが19点以上、総合得点が95点以上必要です。

第1回

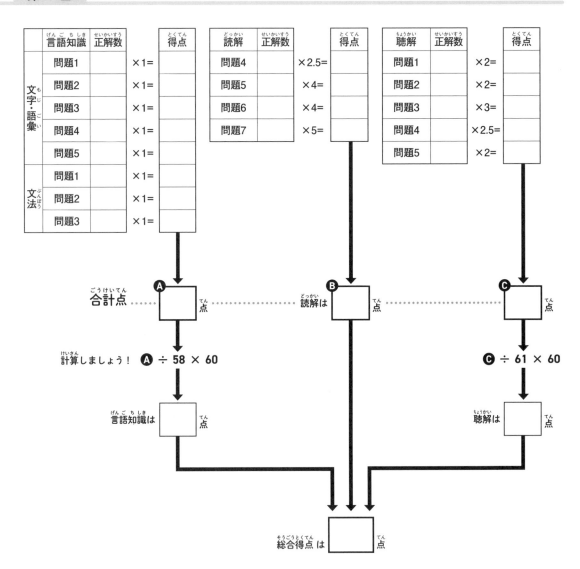

計算しましょう！ 🅐 ÷ 58 × 60

🅒 ÷ 61 × 60

合計点 ⋯⋯⋯⋯ 🅐 ▢ 点

読解は 🅑 ▢ 点

🅒 ▢ 点

言語知識は ▢ 点

聴解は ▢ 点

総合得点 は ▢ 点

言語知識

言語知識	正解数		得点
文字・語彙 問題1		×1=	
文字・語彙 問題2		×1=	
文字・語彙 問題3		×1=	
文字・語彙 問題4		×1=	
文字・語彙 問題5		×1=	
文法 問題1		×1=	
文法 問題2		×1=	
文法 問題3		×1=	

読解

読解	正解数		得点
問題4		×2.5=	
問題5		×4=	
問題6		×4=	
問題7		×5=	

聴解

聴解	正解数		得点
問題1		×2=	
問題2		×2=	
問題3		×3=	
問題4		×2.5=	
問題5		×2=	

※この採点表の配点は、「JLPT リアル模試」独自のものです。

聴解スクリプト
ちょうかい

問題1

例　🎧MP3 N3-1-02　　　　　　　　　　　　　　[答え：2]

お店で女の人と店員が話しています。女の人は現金をいくら払いますか。
みせ　おんな　ひと　てんいん　はな　　　　　おんな　ひと　げんきん　　　　　はら

F：すみません。有名な写真家が撮った猫の写真のカレンダーはありますか。
　　　ゆうめい　しゃしんか　と　ねこ　しゃしん

M：えっと……写真家の岩本さんのカレンダーでしょうか。それでしたら、こちらになり
　　　　　　しゃしんか　いわもと
　　ますけれども。

F：あ、それです。いくらですか。

M：600円です。
　　　えん

F：じゃ、カレンダーと、このペンも一緒に会計してください。
　　　　　　　　　　　　　　　いっしょ　かいけい

M：はい。こちらのペンは200円となります。お客様、ポイントカードはお持ちですか。
　　　　　　　　　　えん　　　　　　　きゃくさま　　　　　　　　　　も

F：はい、あります。貯まっているポイントを使えますか。
　　　　　　　　　た　　　　　　　　つか

M：はい、100ポイントありますので、100円としてお使いいただけますよ。
　　　　　　　　　　　　　　　　　　　えん　　　　つか

F：じゃあ、ポイントも使って払いますね。
　　　　　　　　　　つか　はら

女の人は現金をいくら払いますか。
おんな　ひと　げんきん　　　　　はら

1番　🎧MP3 N3-1-03　　　　　　　　　　　　　　[答え：1]

デパートで日本語学校の先生二人が話しています。二人はどれを買いますか。
　　　にほんごがっこう　せんせいふたり　はな　　　　ふたり　　　　　か

M：卒業式の記念品が毎年ハンカチというのも、どうなんだろう……と、個人的に思いま
　　そつぎょうしき　きねんひん　まいとし　　　　　　　　　　　　　　　こじんてき　おも
　　してね。それで一緒に来てはみましたが……。うーん。
　　　　　　　　いっしょ　き

F：選ぶのが難しいでしょう？
　　えら　　　むずか

M：ええ。帰国する学生もいますから、大きい物は喜ばれませんね。
　　　　　きこく　　がくせい　　　　　　　おお　もの　よろこ

F：値段のことも考えると、結局ハンカチに落ち着いてしまうんですよ。いろんな種類が
　　ねだん　　　　　かんが　　　けっきょく　　　　　お　つ　　　　　　　　　　　　しゅるい
　　ありますから、せめて記念になるものを選びましょう。あ、このハンカチはどうです
　　　　　　　　　　　　きねん　　　　　　えら
　　か。桜の模様がきれいです。桜なら日本らしさがありますし。
　　　さくら　もよう　　　　　　さくら　にほん

M：おっ、いいですね。あ、これもすてきじゃないですか。波の模様。これって、あれで
　　　　　　　　　　　　　　　　　　　　　　　なみ　もよう
　　すよね？　有名な葛飾北斎の絵だ。
　　　　　　ゆうめい　かつしかほくさい　え

F：あまりに有名な作品だから、なんだか、これで手を拭くのは、ちょっと……。
　　　　　　ゆうめい　さくひん　　　　　　　　　　　て　ふ

M：では、これなんかどうです？　高級タオルとして有名な、今治タオルの製品ですよ。白くてきれいですし。あ、こっちの黒もなかなかかっこいい。

F：良い品物ですけど、うーん、予算がね……。

M：なるほど……。となると、最初の物がいいですかね。

F：そうなりますね。ハンカチを見るたび、日本を思い出せそうですし。

二人はどれを買いますか。

•••

2番　🎧 MP3 N3-1-04 　　　　　　　　　　　[答え：3]

電話で女の人が男の人にメッセージを残しています。男の人はメッセージを聞いたあとまず何をしますか。

F：もしもし、田中くん。私、今、バスの中なんだけどね、乗る人も降りる人も多いせいで、すごくゆっくり走っていて、私、このままだと美幸の結婚式に遅れてしまいそうなの。ほら、私、出席できないみんなからのお祝いとかプレゼントとか全部預かってるでしょ。遅刻するわけにいかないのよ。田中くん、家から結婚式場まで近いから車で行くって言ってたでしょ？　私、途中でバス降りるから、迎えに来てくれないかな。この先の駅とか、式場までの道のどこかわかりやすいところで会って、私とプレゼントを一緒に乗せてほしいの。まずはメッセージ聞いたら、すぐ私に連絡くれる？私、いつでも降りられるように準備してるから。お願いね。

男の人はメッセージを聞いたあとまず何をしますか。

•••

3番　🎧 MP3 N3-1-05 　　　　　　　　　　　[答え：1]

高校で女の学生と男の学生が話しています。男の学生はこれから何をしますか。

F：あれ？　翔太、教室にいて平気なの？

M：今、学生食堂に行くところ。今日はカツカレーの大盛り弁当って決めてるんだ。

F：そうじゃなくて、西山先生が呼んでたでしょ？

M：えっ、西山先生が？　何も言われなかったけど。

F：さっき授業の終わりに、「宿題を出していない人は昼休みに職員室へ来なさい」って言ってたじゃない。昨日一緒に宿題やったのに、どうして出さなかったの？

M：家にノートを忘れてきた。

F：翔太って、いっつもそうだよね。早く行ったほうがいいよ。西山先生、怒ると怖いから。

M：いや、怒られるのはいいんだけど、先生、話が長いからさ、カツカレーが売り切れに

なっちゃうよ。

F：もう、しょうがないな。私が買っておいてあげるよ。

M：ほんとに？　おー、助かる。大盛りな。よし、じゃ、ちょっと行ってくる。

男の学生はこれから何をしますか。

・・

4番 🎧MP3 N3-1-06 〔答え：**3**〕

タクシーで女の人と男の人が話しています。女の人の目的地はどこですか。

F：お願いします。

M：どちらまで行かれますか。

F：南山美容院までお願いします。

M：南山病院ですか。

F：あ、美容院です。あの、有名なフランス料理店の「アビル」はわかりますか。その隣にあるんですが。

M：ああ、わかりました。中央警察署の先ですよね。今、道路が混雑しているので、おそらく少し時間がかかりますが、よろしいでしょうか。

F：はい、お願いします。

女の人の目的地はどこですか。

・・

5番 🎧MP3 N3-1-07 〔答え：**3**〕

電話で女の人と男の人が話しています。男の人はこのあと何をしますか。

F：もしもし、たける？　やっと電話に出たわね。

M：あ、お母さん。

F：久しぶりね。元気にしてるの？

M：うん。今、ご飯食べ終わって、お風呂に入ろうとしてたところ。何かあった？

F：「何かあった？」じゃないわよ。最近、全然連絡もよこさないから、どうしてるのか心配になって電話したのよ。

M：そんな心配しなくてもいいよ。ご飯も食べてるし、毎日ちゃんと会社に行ってるし、大家さんもいい人だし。この前なんて、大家さん、カレー作って持ってきてくれたよ。

F：まあ、ちゃんとお礼は言ったの？

M：それくらい当たり前だろ。

F：あら、いつの間に大人になったのかしら。

M：もうとっくに大人だってば。社会人なんだぞ。明日も仕事だから、切るよ。

31

F：はいはい、体に気を付けるのよ。

男の人はこのあと何をしますか。

6番 🎧 MP3 N3-1-08　　　　　　　　　　　　　　　[答え：**4**]

ホテルの受付で女の人と男の人が話しています。男の人はこのあとまず何をしますか。

F：いらっしゃいませ。

M：すみません、2泊で予約した山本です。

F：山本様、お待ちしておりました。本日より2泊、2名様のご予約でお間違いないでしょうか。

M：はい。

F：それでは、こちらの紙にお名前とご住所のご記入をお願いいたします。

M：はい。えっと……住所と……。これでよしと。これでお願いします。

F：はい、ありがとうございます。宿泊料金はご予約の際にお支払いいただいております。お部屋にはこの後すぐ担当者がご案内いたします。こちらがお部屋の鍵と朝食チケットです。朝食は朝7時から9時まで、2階の「ラ・サクラ」にご用意いたします。

M：ありがとうございます。

男の人はこのあとまず何をしますか。

問題2

例 🎧 MP3 N3-1-10　　　　　　　　　　　　　　　[答え：**3**]

男の人と女の人が話しています。女の人がお弁当を作る一番の理由は何ですか。

M：それ、手作りのお弁当？　すごいね。おいしそう。

F：ありがとう。

M：毎朝お弁当を作るの、大変じゃない？

F：うん、最初の頃は、早起きするのがね。今はもう慣れたし、結構パパッと簡単に作れちゃうよ。

M：そうなんだ。会社の食堂は利用しないの？

F：食べたいメニューがないときってあるでしょ。それに毎日外食すると食費が高くなるから。

M：食費か。確かに、うちの社員食堂は少し高いほうかもしれないね。

F：お弁当にしてから毎月7,000円も浮くようになったのよ。

M：へえ、そんなに効果があるんだ。僕もたまには作ってみようかな。

女の人がお弁当を作る一番の理由は何ですか。

....

1番 🎧 MP3 N3-1-11 ［答え：3］

父親と女の子がご飯を食べながら話しています。どうして味がいつもと違いますか。

F：ねえねえ、お父さん。今日の野菜炒めの味、どう？

M：ん？　いつも通りじゃないか？　ユキの好物だもんな。

F：うん。なんでだろう……なんか違う味がするんだよね。

M：そうか？　うーん。さっき、お菓子をいっぱい食べたせいで、そう感じるだけじゃないか？

F：そんなことない。なんか苦い気がする。これ、お父さんが作ったの？

M：いや、野菜炒めはお母さんだよ。みそ汁はお父さんが作ったけどな。

F：えー、なんでだろ。あれ？　ここ、ほら見て。ニンジンが焦げてる。

M：あ、ほんとだ。よく気が付いたね。お父さんはわからなかったよ。それより、お菓子で腹一杯でも、ご飯はちゃんと全部食べるんだぞ。

F：はーい。

どうして味がいつもと違いますか。

....

2番 🎧 MP3 N3-1-12 ［答え：2］

女の人と男の人が話しています。男の人はどうして引っ越ししましたか。

F：これよかったら、どうぞ。引っ越しされたって聞いたので、引っ越し祝いです。

M：わざわざすいません。ありがとうございます。

F：いえいえ。ところで、こんな時期に引っ越しって、珍しいですね。

M：はい、実は前から考えてはいたんです。学生の頃から住んでいた部屋だったので狭くて……。

F：そうだったんですね。でも自転車で通ってらしたから、近くて楽だったんじゃないですか。

M：はい、そうなんです。だから、どうするか悩んでいたんですが。大家にアパートが古くなったので新しくしたいと言われまして。

F：あ、なら仕方ないですね。

M：はい。ま、ちょっと遠くなりましたけど、交通費は出ますし、家も広くなったので、

悪くないですね。

F：それならよかったです。

男の人はどうして引っ越ししましたか。

3番 🎧MP3 N3-1-13　　答え：3

デパートの館内放送です。迷子になった子の特徴は何ですか。

F：本日もご来店いただきまして、誠にありがとうございます。ご来店中のお客様に迷子のお知らせをいたします。ピンクのシャツに短い黒のズボン、白の靴を履いた、3歳くらいの女の子がサービスカウンターでお待ちです。お心当たりのお客様は、1階サービスカウンターまでお越しくださいませ。本日もご来店、誠にありがとうございます。

迷子になった子の特徴は何ですか。

4番 🎧MP3 N3-1-14　　答え：3

大学で男の人と女の人が話しています。男の人が事務室に行く理由は何ですか。

F：明日から奨学金の申請期間だね。今年から提出書類が増えるって聞いた？

M：そうなの？　知らなかった。

F：在学証明書と成績証明書が要るらしいよ。

M：そうなんだ。じゃあ、そろそろ準備しなきゃ。

F：書類を取るには、数日かかるしね。

M：そういう書類を出してくれる窓口って、どこだったっけ？

F：成績証明書は学科の事務室で、在学証明書はホームページで申請できるよ。

M：これから忙しくなるから、今日中に事務室に行っておこうっと。

F：事務室は5時で閉まるから早く行ったほうがいいよ。

男の人が事務室に行く理由は何ですか。

5番 🎧MP3 N3-1-15 ［答え：**4**］

会社で女の人と男の人が話しています。明日の出勤時間はどうして変更されましたか。

F：山本さん、社内メール、見ましたか。明日は午前は休みになるそうですよ。

M：え？ 本当ですか。あ、もしかして、雪のせいですか。

F：はい。明日は大雪の予報で、電車が動かない可能性があるそうです。

M：あー、確か去年、大雪で誰も会社に来られなかった日がありましたよね。

F：はい。だから明日は、出勤時間をみんなが安全に来られる時間にするそうです。

M：それはありがたいですね。雪の日はいつも、１時間早く起きて準備していましたから。

F：私もです。バスも電車もタクシーも大混乱して、早く出ないと会社に遅れるだろうな
　と思って、早く起きていました。

M：でも結局、電車が動かないと同じなんですよね。

F：おっしゃるとおりです。それでも、会社に遅れたらいけないと思って、頑張ってしま
　うんですよね。

明日の出勤時間はどうして変更されましたか。

··

6番 🎧MP3 N3-1-16 ［答え：**3**］

男の留学生と女の人が話しています。留学生はどんなことに驚きましたか。

M：日本で韓国料理店に来たの、初めてだよ。佐藤さん、連れてきてくれてありがとう。
　韓国料理、ずっと食べたかったんだ。キムチを食べていると故郷が懐かしくなってき
　たよ。

F：喜んでもらえて良かった。ここのキムチ、おいしいって有名なんだ。パクさん、もっ
　と食べたいなら、もう一つ頼もうか。

M：え？ キムチって自由におかわりできるんじゃないの？

F：日本では注文しないと出てこないんだよ。このキムチも最初に頼んだじゃない。

M：知らなかった。韓国ではキムチは無料で出てくるから、日本もそうだと思ってたよ。

F：ほんと、パクさんは日本語がこんなに上手なのに日本のことはよく知らないんだから。

留学生はどんなことに驚きましたか。

問題3

🎧MP3 N3-1-18 ［答え：**3**］

YouTube で女の人が話しています。

F：私は、スイーツの中でもコンビニスイーツが一番好きなんです。新しいスイーツが出るとすぐに買っちゃうんですよ。コンビニのスイーツは毎月新しい商品が発売されますよね。新商品を担当してる方はすごく大変でしょうけど、いろいろ考えるのって、とっても楽しいと思うんですよね。憧れます。将来の夢です。ということで、今月発売されたシュークリームを食べてみました。中に入ってるのはチョコクリームで、外はフワッフワで柔らかいです。お値段は170円と、コンビニは素晴らしいですね！毎日買えるお値段じゃないですか。やっぱりコンビニスイーツの強みは安さでもあると思います。

女の人は主に何について伝えていますか。

1 新しいスイーツの値段
2 自分の将来の夢
3 今月の新しい商品
4 コンビニスイーツの作り方

・・

1番 🎧MP3 N3-1-19 ［答え：**3**］

小学校で先生が話しています。

F：最近寒くなってきたので、咳や鼻水の症状がある生徒が増えてきましたね。特に、冬はインフルエンザが流行る時期なので、注意が必要です。体調が悪いときは、早めに病院に行きましょう。インフルエンザにかからないために気を付けることは、次の三つです。まず一番大切なのは、手洗いとうがいです。特に手は、しっかり時間をかけて洗いましょう。次に、人が多いところに行かないこと。ウイルスをもらってしまうかもしれません。そして最後は、よく食べて寝ることです。皆さん、気を付けて週末を過ごしてくださいね。

先生は何について話していますか。

1 インフルエンザになる原因
2 インフルエンザと風邪の違い

3　インフルエンザの予防方法
4　インフルエンザの症状

第
1
回

2番　🎧 MP3 N3-1-20　　　　　　　　　　　　[答え：**4**]

ラジオで女の人が話しています。

F：今週末「お礼参り」に神社に行こうと思っています。実は、先日私の娘が高校に合格したんです。我が家では願いがあると必ず行く神社がありまして、娘の試験の前にも家族でその神社に行きました。そこは娘が生まれる前から通っている神社で、いつも私たち家族の願いを聞いてくれるんです。もちろん娘の努力もありますが、きっとその神社のおかげでもあるかなと思っているので、週末はお礼を言いに行こうと思います。リスナーの皆さんも何か神社にお願いをした後はお礼参りに行きますか。行ったことがあるという人はぜひその話を教えてください。

女の人は週末、どうして神社に行きますか。

1　娘の入学試験があるから
2　試験が思ったよりも簡単だったから
3　家族で昔から神社に行っていたから
4　娘が合格したことに感謝しているから

3番　🎧 MP3 N3-1-21　　　　　　　　　　　　[答え：**4**]

男の学生が友達のうちに来て、話しています。

M：あ、俺。山田です。
F：はーい。どうしたの？　まあ、どうぞ。入って。さっきまで妹の友達が遊びに来てて、部屋が片付いてないんだけど。
M：あ、いいよ、すぐ帰るから。あのさ、この前借りたタオルなんだけど、汚れが落ちなくて……。
F：あ、そうなの？
M：あの日、手、ケガしてたみたいで、血がついててさ。ごめん。
F：いいよ、そんなことぐらい。
M：それで、これ。新しいタオル買ってきたから、受け取って。
F：えー、わざわざそんなことしなくていいのに。でもじゃあ、もらっとくよ。ありがとね。ねえ、うちにケーキがあるんだけど、食べていきなよ。
M：ほんと？　やった！　じゃあ、お邪魔しまーす。

37

男の学生は友達のうちへ何をしに来ましたか。

1　ケーキを食べに来た
2　タオルを返しに来た
3　遊びに来た
4　謝りに来た

問題4 ────────────────────

例　🎧 MP3 N3-1-23　　　　　　　　　　　　　　　　[答え：1]

図書館で働いています。何と言いますか。

F：1　来週の火曜日までに返してください。
　　2　来週の火曜日までに貸してください。
　　3　来週の火曜日に書いてください。

....

1番　🎧 MP3 N3-1-24　　　　　　　　　　　　　　　　[答え：3]

相手の名前を聞きたいです。何と言いますか。

M：1　失礼ですが、お名前を下さってもよろしいでしょうか。
　　2　失礼ですが、お名前をいらっしゃってもよろしいでしょうか。
　　3　失礼ですが、お名前を伺ってもよろしいでしょうか。

....

2番　🎧 MP3 N3-1-25　　　　　　　　　　　　　　　　[答え：2]

公園で遊んでいた子どもが転んでしまいました。何と言いますか。

F：1　気をつぶして遊ばなきゃ。
　　2　気をつけて遊ばなきゃ。
　　3　気をつかんで遊ばなきゃ。

....

3番 🎧 MP3 N3-1-26 ［答え：**2**］

友達の家にいます。トイレに行きたいです。何と言いますか。

M：1　お手洗い、返してもいい？
　　2　お手洗い、借りてもいい？
　　3　お手洗い、貸してもいい？

4番 🎧 MP3 N3-1-27 ［答え：**3**］

グループの代表として発表を担当したいです。何と言いますか。

F：1　ぜひ私に任せるとうれしいです。
　　2　ぜひ私に任せて差し上げるとうれしいです。
　　3　ぜひ私に任せていただけるとうれしいです。

問題5

例 🎧 MP3 N3-1-29 ［答え：**2**］

F：何時ごろに始めようか。

M：1　2時間がいいと思うよ。
　　2　5時ぐらいからにする？
　　3　それは早いよ。

1番 🎧 MP3 N3-1-30 ［答え：**2**］

M：佐藤先生、来年のキャンプはどこでやりますか。

F：1　行ったことがあるので大丈夫です。
　　2　まだ決まっていません。
　　3　毎年行っていますよね。

2番 🎧 MP3 N3-1-31　　　　　　　　　　　　　　　　　　　　　　　　[答え：**3**]

F：送ってくださったファイルが開けなかったのですが……。

M：1　パソコンの調子が悪いんですね。
　　2　私も開いたことがないです。
　　3　すみません、もう一度お送りします。

....

3番 🎧 MP3 N3-1-32　　　　　　　　　　　　　　　　　　　　　　　　[答え：**2**]

M：ただいま。今、帰ったよ。

F：1　今からなの？　いってらっしゃい。
　　2　おかえり。お土産、ちゃんと買ってきた？
　　3　おかえり。ごはんはおいしい？

....

4番 🎧 MP3 N3-1-33　　　　　　　　　　　　　　　　　　　　　　　　[答え：**1**]

M：あの、携帯が鳴っていますよ。

F：1　あ、すみません、ありがとうございます。
　　2　ええ、新しく買いましたから。
　　3　いえ、電話しようと思っていたんです。

....

5番 🎧 MP3 N3-1-34　　　　　　　　　　　　　　　　　　　　　　　　[答え：**3**]

F1：とうとう買ったんですね。それで、いくらしたんですか。

F2：1　レジはあっちにありますよ。
　　　2　30分はかかった気がするな。
　　　3　えっと、13,000円だったかな。

....

6番 🎧 MP3 N3-1-35

F：お父さん、私、犬を飼いたいんだけど……。

M：1　だめだよ、大事なんだから。
　　2　ちょっと待って。一緒に行こう。
　　3　きちんとお世話できるのか？

7番 🎧 MP3 N3-1-36

M：会社のこれからは君に任せるよ。

F：1　はい、今後も預かってください。
　　2　はい、いつも働いています。
　　3　はい、頑張ります。

8番 🎧 MP3 N3-1-37

M：もう少し目標を下げて、始めてみてはどうでしょう。

F：1　それが、これ以上は下げるわけにいかないんですよ。
　　2　ええ、もう下がり始めていましたよ。
　　3　いえ、見てはいないんです。初めに聞いただけです。

9番 🎧 MP3 N3-1-38

F：あちらの作品はご覧になりましたか。

M：1　はい、伺いました。
　　2　はい、かしこまりました。
　　3　いいえ、今から見るつもりです。

第2回
だい かい

答え
こた

&

聴解
ちょうかい

スクリプト

こた 答え

げんごちしき もじ ごい
言語知識（文字・語彙）

問題1
→ P.03

1	2	3	4	5	6	7	8
1	3	4	2	1	4	2	3

問題2
→ P.04

9	10	11	12	13	14
1	3	4	4	2	2

問題3
→ P.05

15	16	17	18	19	20	21	22	23	24	25
4	3	4	4	3	4	1	3	2	3	2

問題4
→ P.06

26	27	28	29	30
2	3	2	1	1

問題5
→ P.07

31	32	33	34	35
2	4	4	1	3

げんごちしき ぶんぽう どっかい
言語知識（文法）・読解

問題1
→ P.11

1	2	3	4	5	6	7	8	9	10
2	2	4	2	1	4	2	3	1	4

11	12	13
1	3	3

問題2
→ P.14

14	15	16	17	18
1	2	1	1	1

問題3
→ P.16

19	20	21	22	23
4	2	1	4	4

問題4
→ P.18

24	25	26	27
4	2	4	4

問題5
→ P.22

28	29	30	31	32	33
3	1	1	3	1	1

問題6
→ P.24

34	35	36	37
3	2	3	4

問題7
→ P.26

38	39
3	4

ちょうかい
聴解

問題1
→ P.31

例	1	2	3	4	5	6
2	3	1	3	4	4	3

問題2
→ P.36

例	1	2	3	4	5	6
3	1	2	3	4	2	2

問題3
→ P.40

例	1	2	3
3	2	4	2

問題4
→ P.41

例	1	2	3	4
1	2	3	1	1

問題5
→ P.44

例	1	2	3	4	5	6	7	8	9
2	3	2	3	2	2	1	2	3	2

模擬試験 採点表

模擬試験の結果を書いて、点数を計算してみましょう。

※ JLPT N3に合格するためには、下の採点表の🅐、🅑、🅒それぞれが19点以上、総合得点が95点以上必要です。

第2回

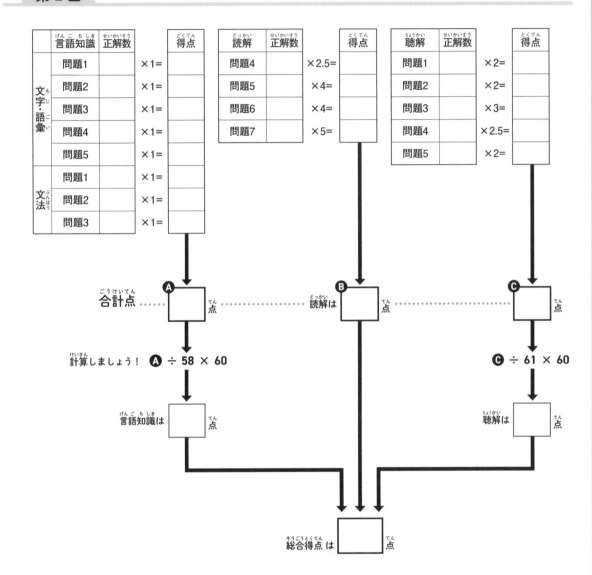

計算しましょう！ 🅐 ÷ 58 × 60

🅒 ÷ 61 × 60

聴解スクリプト ちょうかい

通し聞き用音声 🎧 MP3 N3-2-40

（M：男性　F：女性）

問題1

例 🎧 MP3 N3-2-02

[答え：2]

お店で女の人と店員が話しています。女の人は現金をいくら払いますか。

F：すみません。有名な写真家が撮った猫の写真のカレンダーはありますか。
M：えっと……写真家の岩本さんのカレンダーでしょうか。それでしたら、こちらになりますけれども。
F：あ、それです。いくらですか。
M：600円です。
F：じゃ、カレンダーと、このペンも一緒に会計してください。
M：はい。こちらのペンは200円となります。お客様、ポイントカードはお持ちですか。
F：はい、あります。貯まっているポイントを使えますか。
M：はい、100ポイントありますので、100円としてお使いいただけますよ。
F：じゃあ、ポイントも使って払いますね。

女の人は現金をいくら払いますか。

1番 🎧 MP3 N3-2-03

[答え：3]

教室で男の人と女の人が話しています。男の人はこれから何をしますか。

M：来週提出のレポートのテーマ、どうしようか悩んでるんだけど……。
F：文化に関することであればなんでもいいって先生言ってたじゃない。
M：そうなんだけど……。とりあえず今から図書館に行ってみようかな。
F：お茶についてはどう？　本もたくさんありそうだし。そういえば、高橋くんがこの前いい本持ってたよ。
M：そっか。でも、とりあえず図書館行ってみようかな。それでだめなら高橋くんに連絡してみる。
F：今日は図書館休みじゃなかったっけ？
M：そうだっけ？　なら仕方ないか。

男の人はこれから何をしますか。

2番 🎧 MP3 N3-2-04 〔答え：1〕

デパートで女の人二人が話しています。女の人はこれから何を買いますか。

F1：成人式で着る着物、どれがいいかな？

F2：このピンクの桜の着物はどう？

F1：かわいい。でも私の持っているかばんが桜模様だから、両方ピンクになるのは
ちょっと……。

F2：そうだね。あ、これは？　この白い着物、少しだけ桜の絵があって、とってもきれ
い。

F1：かわいい。

F2：あ、こっちの着物もいいね。今年は赤が流行してるってテレビで言ってたよ。

F1：これもすてき。でも、かばんと着物を合わせるのがおしゃれかも。

F2：そうだね。

女の人はこれから何を買いますか。

3番 🎧 MP3 N3-2-05 〔答え：3〕

男の人と女の人が話しています。女の人はこのあとまず何をしますか。

F：この部屋もう少し明るい雰囲気にしたいなと思ってるんだけど、カーテンを変えたら
いいかな？　それともライトの色を変えればいいのかな？

M：そうだね、ライトは変えてもあまり変化がない気がするから、カーテンがいいかも。

F：そうね、雰囲気を変えるにはカーテンだよね。

M：うんうん。あとはお花を置くのもいいと思うし、ネットでいろいろ調べると他にも出
てきそう。

F：なるほど。じゃあ、まずネットでいろいろ見てみようっと。

M：うん、それがいいと思う。あ、あとは壁に絵を掛けるのもいいと思うよ。

F：絵か！　思いつかなかった。絵だったらお姉ちゃんが詳しいから、今度聞いてみよう。

女の人はこのあとまず何をしますか。

4番 🎧 MP3 N3-2-06

答え：**4**

家で女の人と男の人が話しています。男の人はこのあとまず何をしますか。

F：ねえ、あなた、部長さんご夫婦がいらっしゃるのって12時って言ってたわよね？

M：ああ、駅に着いたら連絡はくれるって言ってたけど、大体そのくらいじゃないかな。

F：「大体そのくらいじゃないかな」って、なんでそんなに余裕なの？　あと1時間しかないじゃない。ちょっと掃除機くらいかけてくれない？

M：え？　掃除は昨日もしたじゃないか。もう十分だろう？

F：部長さんの奥様、きれい好きって、あなた言ってたじゃない。前におうちにお邪魔したとき、家がすごくきれいだったって。だから少しでも片付けないと。ほら、あなた！　私は料理で忙しいんだから、協力して。

M：わかったよ。

F：ほら、早く。

M：わかったから、やるよ。やるってば。

F：あ、あと、それ終わったら、テーブルにお皿並べてくれる？

男の人はこのあとまず何をしますか。

....

5番 🎧 MP3 N3-2-07

答え：**4**

レストランで男の人が注文しています。男の人は何を食べますか。

M：すみません、注文お願いします。

F：はい、ご注文お伺いいたします。

M：えっと、このAセットを一つお願いします。

F：メインはお肉とお魚、どちらになさいますか。

M：魚でお願いします。

F：はい、かしこまりました。サラダとスープは？

M：えっと、サラダで。

F：かしこまりました。それでは、お飲み物は入り口横のテーブルにございますのでご自由にお取りください。

M：ありがとうございます。

男の人は何を食べますか。

....

6番　🎧 MP3 N3-2-08

答え：**3**

<ruby>女<rt>おんな</rt></ruby>の<ruby>人<rt>ひと</rt></ruby>と<ruby>男<rt>おとこ</rt></ruby>の<ruby>人<rt>ひと</rt></ruby>が<ruby>話<rt>はな</rt></ruby>しています。<ruby>男<rt>おとこ</rt></ruby>の<ruby>人<rt>ひと</rt></ruby>はこのあとまず<ruby>何<rt>なに</rt></ruby>をしますか。

F：<ruby>夏休<rt>なつやす</rt></ruby>みの<ruby>東北旅行<rt>とうほくりょこう</rt></ruby>、<ruby>楽<rt>たの</rt></ruby>しみだね。<ruby>私<rt>わたし</rt></ruby>、<ruby>秋田<rt>あきた</rt></ruby>で<ruby>温泉<rt>おんせん</rt></ruby><ruby>行<rt>い</rt></ruby>きたいな。

M：<ruby>俺<rt>おれ</rt></ruby>は<ruby>青森<rt>あおもり</rt></ruby>で<ruby>お祭<rt>まつ</rt></ruby>り<ruby>見<rt>み</rt></ruby>るのが<ruby>楽<rt>たの</rt></ruby>しみ。ホテルと<ruby>新幹線<rt>しんかんせん</rt></ruby>は<ruby>予約<rt>よやく</rt></ruby>したし、あと<ruby>準備<rt>じゅんび</rt></ruby>しといたほうがいいのは、<ruby>何<rt>なに</rt></ruby>を<ruby>食<rt>た</rt></ruby>べるか<ruby>考<rt>かんが</rt></ruby>えるくらいかな。

F：あれ？　レンタカーは<ruby>予約<rt>よやく</rt></ruby>した？　<ruby>車<rt>くるま</rt></ruby>がないと<ruby>困<rt>こま</rt></ruby>るんじゃない？

M：あ、<ruby>忘<rt>わす</rt></ruby>れてた。でもさ、いるの？　<ruby>電車<rt>でんしゃ</rt></ruby>やバスに<ruby>乗<rt>の</rt></ruby>ればいいだろう？

F：もう、これだから<ruby>都会<rt>とかい</rt></ruby>の<ruby>人<rt>ひと</rt></ruby>は。いい？　1<ruby>時間<rt>じかん</rt></ruby>に<ruby>何本<rt>なんぼん</rt></ruby>も<ruby>電車<rt>でんしゃ</rt></ruby>やバスがあるのは<ruby>都会<rt>とかい</rt></ruby>くらいなの。ちょっと<ruby>山<rt>やま</rt></ruby>の<ruby>中<rt>なか</rt></ruby>の<ruby>温泉<rt>おんせん</rt></ruby>とか<ruby>自然<rt>しぜん</rt></ruby>が<ruby>多<rt>おお</rt></ruby>いところに<ruby>行<rt>い</rt></ruby>ったら、<ruby>朝<rt>あさ</rt></ruby>と<ruby>夕方<rt>ゆうがた</rt></ruby>しか<ruby>電車<rt>でんしゃ</rt></ruby>が<ruby>走<rt>はし</rt></ruby>ってないところも<ruby>多<rt>おお</rt></ruby>いんだから。

M：え？　そうなの？

F：そうなの。<ruby>車<rt>くるま</rt></ruby>は<ruby>任<rt>まか</rt></ruby>せたわよ。<ruby>私<rt>わたし</rt></ruby>は、ホテルの<ruby>近<rt>ちか</rt></ruby>くにおいしい<ruby>お店<rt>みせ</rt></ruby>がないか<ruby>探<rt>さが</rt></ruby>してみる。

M：わかった。ありがとう。

<ruby>男<rt>おとこ</rt></ruby>の<ruby>人<rt>ひと</rt></ruby>はこのあとまず<ruby>何<rt>なに</rt></ruby>をしますか。

問題2

例　🎧 MP3 N3-2-10

答え：**3**

<ruby>男<rt>おとこ</rt></ruby>の<ruby>人<rt>ひと</rt></ruby>と<ruby>女<rt>おんな</rt></ruby>の<ruby>人<rt>ひと</rt></ruby>が<ruby>話<rt>はな</rt></ruby>しています。<ruby>女<rt>おんな</rt></ruby>の<ruby>人<rt>ひと</rt></ruby>がお<ruby>弁当<rt>べんとう</rt></ruby>を<ruby>作<rt>つく</rt></ruby>る<ruby>一番<rt>いちばん</rt></ruby>の<ruby>理由<rt>りゆう</rt></ruby>は<ruby>何<rt>なん</rt></ruby>ですか。

M：それ、<ruby>手作<rt>てづく</rt></ruby>りのお<ruby>弁当<rt>べんとう</rt></ruby>？　すごいね。おいしそう。

F：ありがとう。

M：<ruby>毎朝<rt>まいあさ</rt></ruby>お<ruby>弁当<rt>べんとう</rt></ruby>を<ruby>作<rt>つく</rt></ruby>るの、<ruby>大変<rt>たいへん</rt></ruby>じゃない？

F：うん、<ruby>最初<rt>さいしょ</rt></ruby>の<ruby>頃<rt>ころ</rt></ruby>は、<ruby>早起<rt>はやお</rt></ruby>きするのがね。<ruby>今<rt>いま</rt></ruby>はもう<ruby>慣<rt>な</rt></ruby>れたし、<ruby>結構<rt>けっこう</rt></ruby>パパッと<ruby>簡単<rt>かんたん</rt></ruby>に<ruby>作<rt>つく</rt></ruby>れちゃうよ。

M：そうなんだ。<ruby>会社<rt>かいしゃ</rt></ruby>の<ruby>食堂<rt>しょくどう</rt></ruby>は<ruby>利用<rt>りよう</rt></ruby>しないの？

F：<ruby>食<rt>た</rt></ruby>べたいメニューがないときってあるでしょ。それに<ruby>毎日外食<rt>まいにちがいしょく</rt></ruby>すると<ruby>食費<rt>しょくひ</rt></ruby>が<ruby>高<rt>たか</rt></ruby>くなるから。

M：<ruby>食費<rt>しょくひ</rt></ruby>か……。<ruby>確<rt>たし</rt></ruby>かに、うちの<ruby>社員食堂<rt>しゃいんしょくどう</rt></ruby>は<ruby>少<rt>すこ</rt></ruby>し<ruby>高<rt>たか</rt></ruby>いほうかもしれないね。

F：お<ruby>弁当<rt>べんとう</rt></ruby>にしてから<ruby>毎月<rt>まいつき</rt></ruby>7,000<ruby>円<rt>えん</rt></ruby>も<ruby>浮<rt>う</rt></ruby>くようになったのよ。

M：へえ、そんなに<ruby>効果<rt>こうか</rt></ruby>があるんだ。<ruby>僕<rt>ぼく</rt></ruby>もたまには<ruby>作<rt>つく</rt></ruby>ってみようかな。

<ruby>女<rt>おんな</rt></ruby>の<ruby>人<rt>ひと</rt></ruby>がお<ruby>弁当<rt>べんとう</rt></ruby>を<ruby>作<rt>つく</rt></ruby>る<ruby>一番<rt>いちばん</rt></ruby>の<ruby>理由<rt>りゆう</rt></ruby>は<ruby>何<rt>なん</rt></ruby>ですか。

1番 🎧 MP3 N3-2-11

趣味について話しています。女の人はどうしてお菓子作りを習い始めましたか。

M：鈴木さんのSNSを見たんですが、お菓子作りが得意なんですね。

F：得意ってほどじゃないですが、お菓子が好きで教室に通っています。

M：そうだったんですね。始めたきっかけってあるんですか。

F：最初、クリスマスに自分でケーキを作りたいって思って教室を探していたんですが。

M：え、そうなんですね。

F：はい。で、探していくうちにたまたま家の近くにあって、これだって思ったんです。

M：そうだったんですね。

F：授業料が安くて、長く続けられそうと思ったのも大きいですけどね。

M：いいですね。お菓子作りが趣味ってすてきですよね。

女の人はどうしてお菓子作りを習い始めましたか。

....

2番 🎧 MP3 N3-2-12

大学の学生課で男の留学生と女の人が話しています。男の留学生はどうして学生課に行きましたか。

M：すみません、一つお聞きしたいことがあって来ました。

F：はい、どうしましたか。

M：私の母の体の具合が良くなくて、アメリカに数か月帰らないといけないんですが、学校を長期間休むことはできますか。

F：はい、できますよ。

M：どうすればいいか教えてもらえますか。

F：「休学届」という書類を提出すれば、学校を辞めずに、長期間休むことができます。

M：その書類は今日ここでもらえますか。

F：あそこにあるパソコンに休学届のファイルが入っているので、印刷して持ってきてください。書き方は、またそのときに教えますね。

M：わかりました。ありがとうございます。

男の留学生はどうして学生課に行きましたか。

....

3番 🎧 MP3 N3-2-13

男の学生と女の学生が話しています。女の学生が英語を勉強する一番の理由は何ですか。

M：何、読んでるの？

F：あ、これ、英語の文法の参考書よ。

M：山田さん、英語の勉強してるんだ。

F：うん。時間があるうちに、やっておこうと思って。

M：でも、その参考書、今度のテスト範囲とは関係ないよね？

F：うん。資格試験のTOEICを受けてみたくて、準備しているの。

M：すごいね。だけど、受けなくてもいい試験をどうして受けるの？

F：あとあと役に立つと思うし、いつか海外留学したいと思ってて。

M：そうなんだ。偉いね。

F：外国の大学で勉強するのが夢なんだ。

女の学生が英語を勉強する一番の理由は何ですか。

4番 🎧 MP3 N3-2-14

男の人と女の人が話しています。女の人は、このドラマのどんなところが一番気に入っていますか。

F：ねえねえ、昨日、見た？　ドラマ「南の空に16キロ」。

M：うん、もちろん。いやー、とうとう終わっちゃったね。最後がすごく良かった。二人が結婚できるなんて思っていなかったからさ、俺、泣いちゃったよ。あれは男でも泣くって。

F：ふふふ。男も女も関係ないよ。あれで泣かない人がいたら教えてほしいって感じじゃない？　主人公が幸せになって良かったし、あそこで、ドラマが始まるときの音楽が流れたでしょ。私、何が最高って、あの曲なんだよね。

M：あ、わかる。あの主題歌、「ひかり」ってタイトルだっけ？

F：言葉の一つ一つが主人公たちにぴったり合ってるよね。私、毎日聞いてるんだ。そうだ、今度カラオケで歌ってあげる。

M：え？　それはまあ別として。あと、途中で二人が沖縄を旅しただろ。あれ見て沖縄に行きたくなったよ。

F：うん、行きたい。沖縄で「ひかり」を聞きたい。あ、今日家に帰ったら、また第1話から見ようっと。

M：え、また？

女の人は、このドラマのどんなところが一番気に入っていますか。

5番 🎧MP3 N3-2-15　　　　　　　　　　　　　　　[答え：2]

男の人と女の人がプレゼントについて話しています。女の人はどうしてお金をあげたく
ないと思っていますか。

F：ゆうきくん、かおりさんの結婚祝いに一緒にプレゼントあげようって言ってたじゃな
　　い？　そろそろ買わないといけないと思うんだけど、何がいいかな？

M：うーん、たいてい食器とかをあげるよね。

F：そうよね。でも5人でお金を出すなら、もっといい物をあげたくない？

M：うーん、例えば？

F：掃除機とか、オーブンレンジはどうかな？

M：いいとは思うけど、すでに買ってるかもしれないよ。同じ物が二つあっても困るし、
　　それなら、お金のほうがいいんじゃない？

F：ええ？　お金は気が進まないな……。私は、プレゼントを開けたときに感動したり、
　　びっくりする物がいいと思う。

M：でも、お金なら、かおりさんの一番欲しい物が買えるからさ。他のメンバーにLINE
　　で聞いてみようよ。もっといい案があるかもしれないし。

F：うん、そうね。

女の人はどうしてお金をあげたくないと思っていますか。

. . . .

6番 🎧MP3 N3-2-16　　　　　　　　　　　　　　　[答え：2]

女の人と男の留学生が話しています。留学生は日本のアルバイトのどんなところがいい
と言っていますか。

F：マイクさん、このお店で働いてもうすぐ1か月になりますね。日本でアルバイトをす
　　るのは初めてだと言ってましたが、仕事には慣れましたか。

M：はい、だいぶ慣れました。先輩、そういえば、この前、僕に「日本のアルバイトのい
　　いところはどこですか」って聞きましたよね。僕、見つけましたよ。

F：え？　どんなところですか。時給が高いところですか。

M：東京は時給が高いですが、そこではなくて、交通費が支払われるところです。僕の国
　　では、交通費は出ません。その代わりじゃないですけど、昼食や夕食を食べさせて
　　くれます。

F：へえ、知りませんでした。そうなんですか。

M：はい。だから、なるべく家から近いところでアルバイトをしたほうがいいんです。

F：確かにそうですね。

留学生は日本のアルバイトのどんなところがいいと言っていますか。

問題3

例 🎧 MP3 N3-2-18 　　　　　　　　　　　　　　　　　　[答え：**3**]

YouTube で女の人が話しています。

F：私は、スイーツの中でもコンビニスイーツが一番好きなんです。新しいスイーツが出るとすぐに買っちゃうんですよ。コンビニのスイーツは毎月新しい商品が発売されますよね。新商品を担当してる方はすごく大変でしょうけど、いろいろ考えるのって、とっても楽しいと思うんですよね。憧れます。将来の夢です。ということで、今月発売されたシュークリームを食べてみました。中に入ってるのはチョコクリームで、外はフワッフワで柔らかいです。お値段は170円と、コンビニは素晴らしいですね！毎日買えるお値段じゃないですか。やっぱりコンビニスイーツの強みは安さでもあると思います。

女の人は主に何について伝えていますか。

1　新しいスイーツの値段
2　自分の将来の夢
3　今月の新しい商品
4　コンビニスイーツの作り方

. . . .

1番 🎧 MP3 N3-2-19 　　　　　　　　　　　　　　　　　　[答え：**2**]

レジで店員と男の人が話しています。

M：あの、すみません。ちょっとお聞きしたいことがあるんですが。
F：はい。何でしょうか。
M：さっき牛乳を買ったんですが、レシートを確認したら値段が違うんです。
F：こちらの牛乳は120円で合っていると思いますが……。
M：本当ですか。確か牛乳は今日は安くなるってお店の広告に書いてありましたが……。
F：お客様申し訳ありませんが、それはこちらの商品ではなく別の会社の牛乳です。
M：あ、そうでしたか。失礼しました。では、この牛乳は返すので、新しくその牛乳を買うことはできますか。
F：はい、可能です。商品とレシートを入り口の横の受付にお持ちいただけますか。
M：はい、わかりました。

男の人はどうしてレジに来ましたか。

1 牛乳を買いたくなくなったから
2 広告と牛乳の値段が違ったから
3 牛乳の値段が安すぎたから
4 違う商品がほしくなったから

2番 🎧 MP3 N3-2-20　　　　　　　　　[答え：4]

家で女の人と男の人が話しています。

F：ねえ、あなた。今日、ミカと一緒に病院に行ってきたの。1週間くらい休んだら元気になるって、お医者様が。

M：そうか、それはよかった。あんなに高い熱が出たのは初めてだから、心配したよ。

F：そうよね、本当に良かったわ。ただ、1週間休養を取るとなると、学校は来週の火曜日まで休むことになるんだけど……。

M：そうだな、一人にするわけにはいかないから、平日は俺も会社を休んだほうがいいな。

F：私、今週は休みが取れるんだけど、来週は厳しいのよ。

M：そうか。なら、月・火は俺が休みを取るよ。

F：本当？　ありがとう。早く良くなるといいわね。もしかしたら、もっと早く学校に行けるかもしれないし。

M：そうだな。ま、俺は大丈夫だから、無理するなよ。

F：うん、様子を見て、土曜日にもう一度病院に行ってくるわ。

女の人はどうして今週会社を休みますか。

1 病院に行く必要があるから
2 熱があって動けないから
3 医者に休むように言われたから
4 娘の体調が悪いから

3番 🎧 MP3 N3-2-21　　　　　　　　　[答え：2]

テレビで美術館の人が話しています。

M：子どもに美術に関心を持ってほしいと考えているお父さんお母さん、多いと思います。でも、美術館へ行って、有名な画家や作品について、つい長い説明をしたり、専門的な話をしていませんか。美術は言葉で説明するよりも、体で感じることが大切なんです。たくさんの色やたくさんの形、材料に触って、自由な世界であることを知ってほしいと私たちは考えています。家でたくさんの道具を用意するのは大変ですよね。子どもたちがいろいろな経験をして楽しめるプログラムを、ここ、星の里美術

館では準備しています。今年の夏休みは、ぜひ星の里美術館へお越しください。

美術館の人は何について話していますか。

1　子どもが美術を好きになる方法
2　子どもが美術と接することができる場所
3　子どもに必要な美術の情報
4　子どもに美術を教える理由

問題4 ────────────────────

例　🎧 MP3 N3-2-23　　　　　　　　　　　　　　[答え：**1**]

図書館で働いています。何と言いますか。

F：1　来週の火曜日までに返してください。
　　2　来週の火曜日までに貸してください。
　　3　来週の火曜日に書いてください。

・・・・・・・・・・・・・・・・・・・・・・・・・・・・・・・・・・・・・

1番　🎧 MP3 N3-2-24　　　　　　　　　　　　　[答え：**2**]

駅に行きたいです。どうやって行けばいいのかわかりません。何と言いますか。

F：1　駅までどうやって行ったか教えましょうか。
　　2　駅までの行き方を教えてもらえませんか。
　　3　どうやって駅に通えばいいですか。

・・・・・・・・・・・・・・・・・・・・・・・・・・・・・・・・・・・・・

2番　🎧 MP3 N3-2-25　　　　　　　　　　　　　[答え：**3**]

契約をしています。紙にサインをしてもらいたいです。何と言いますか。

M：1　こちらにお名前を伺ってもよろしいでしょうか。
　　2　こちらにお名前を差し上げてもよろしいでしょうか。
　　3　こちらにお名前をお書きいただけますか。

・・・・・・・・・・・・・・・・・・・・・・・・・・・・・・・・・・・・・

3番 🎧MP3 N3-2-26

消しゴムを忘れました。何と言いますか。

M：1 消しゴム、貸してくれませんか。
　　2 消しゴム、使ってみてもいいですか。
　　3 消しゴム、借りてくれませんか。

- -

4番 🎧MP3 N3-2-27

ホテルです。お客様の荷物を運びたいです。何と言いますか。

M：1 お荷物はお部屋まで運ばせていただいてもよろしいでしょうか。
　　2 お荷物はお部屋までお運びくださってもよろしいでしょうか。
　　3 お荷物をお部屋までお持ちくださいますか。

問題5 ————————————————

例 🎧MP3 N3-2-29

F：何時ごろに始めようか。

M：1 2時間がいいと思うよ。
　　2 5時ぐらいからにする？
　　3 それは早いよ。

- -

1番 🎧MP3 N3-2-30

F：ねえ、ドアは閉めてって、いつも言ってるでしょ。

M：1 開けておこうか？
　　2 そこに置いてあるよ。
　　3 あ、また忘れた。

- -

2番 🎧 MP3 N3-2-31

答え：**2**

M：お昼を食べた後に残りの内容を話し合いましょう。

F：1　ええ、どうぞ話してください。
　　2　わかりました。では、また後で。
　　3　出張はいつ行かれるんですか。

. . . .

3番 🎧 MP3 N3-2-32

答え：**3**

M：どうして起こしてくれなかったの？

F：1　早く起きるのは大事だって言ってたから。
　　2　朝寝坊しなくてよかったね。
　　3　だって、起きなかったからあきらめたわ。

. . . .

4番 🎧 MP3 N3-2-33

答え：**2**

F：重そうですね。少し持ちましょうか。

M：1　これはこれは、やむを得ないね。
　　2　すみません。お願いします。
　　3　いい加減、持ってほしかったです。

. . . .

5番 🎧 MP3 N3-2-34

答え：**2**

M：具合が悪そうだけど大丈夫？　何かあった？

F：1　悪くはないけど、他にもいいものがありそうじゃない？
　　2　大丈夫よ。最近忙しくて、ちょっと疲れてるだけ。
　　3　もし何かあったら連絡してね。

. . . .

6番 🎧MP3 N3-2-35 　　　　　　　　　　　　　[答え：**1**]

M：今日は人がいっぱいいるね。

F：1　セールが今日から始まるからね。
　　2　本当、しいんとしてるよね。
　　3　思わず行きたくなっちゃった。

7番 🎧MP3 N3-2-36 　　　　　　　　　　　　　[答え：**2**]

F1：さくらちゃんのピアノの発表会、先週末だったの？　教えてくれれば見に行ったの
　　　に。

F2：1　ほんと、来てくれてありがとね。
　　　2　いや、本当はまだ人に聴かせられるレベルじゃないのよ。
　　　3　時間があったら、りんかちゃんと一緒に見に来てね。

8番 🎧MP3 N3-2-37 　　　　　　　　　　　　　[答え：**3**]

M：あんなに頑張ったのに試験に落ちちゃった……。

F：1　一緒に捜そうか？　どこに落としちゃったの？
　　2　もう少し頑張れば上がれるよ。
　　3　人生、試験だけがすべてじゃないよ。

9番 🎧MP3 N3-2-38 　　　　　　　　　　　　　[答え：**2**]

F：このパソコン、今使ってる？

M：1　5時からだと思うよ。
　　2　ううん。画面つけてるだけ。
　　3　できれば使ってみたいな。

\ 超実戦的！/
JLPT リアル模試 N3

発行日	2023年4月14日（初版）
	2024年3月15日（第2刷）

書名	JLPT リアル模試 N3
著者	AJ オンラインテスト株式会社
編集	株式会社アルク日本語編集部
編集協力	今野咲恵
翻訳	AJ オンラインテスト株式会社（韓国語）
	Do Thi Hoai Thu（ベトナム語）
	ロガータ合同会社（英語、中国語）
AD・デザイン	二ノ宮匡（nixinc）
イラスト	AJ オンラインテスト株式会社、たくわかつし
録音・編集	AJ オンラインテスト株式会社、株式会社メディアスタイリスト
ナレーション	AJ オンラインテスト株式会社、菊地信子
DTP	株式会社創樹
印刷・製本	日経印刷株式会社

発行者	天野智之
発行所	株式会社アルク
	〒102-0073　東京都千代田区九段北 4-2-6 市ヶ谷ビル
	Website：https://www.alc.co.jp/

地球人ネットワークを創る

アルクのシンボル
「地球人マーク」です。

N3

げんごちしき（もじ・ごい）
（30ぷん）

ちゅうい
Notes

1. しけんが はじまるまで、この もんだいようしを あけないで ください。

   Do not open this question booklet until the test begins.

2. この もんだいようしを もって かえる ことは できません。

   Do not take this question booklet with you after the test.

3. じゅけんばんごうと なまえを したの らんに、じゅけんひょうと おなじように かいて ください。

   Write your examinee registration number and name clearly in each box below as written on your test voucher.

4. この もんだいようしは、ぜんぶで 5ページ あります。

   This question booklet has 5 pages.

5. もんだいには かいとうばんごうの 1 、 2 、 3 …が ついて います。かいとうは、かいとうようしに ある おなじ ばんごうの ところに マークして ください。

   One of the row numbers 1 , 2 , 3 … is given for each question. Mark your answer in the same row of the answer sheet.

じゅけんばんごう　　Examinee Registration Number	

なまえ　　Name	

1

問題1 _____のことばの読み方として最もよいものを、1・2・3・4から一つえらびなさい。

1 あのパン屋の店員はとても親切です。

1 しんさい　　　2 しんぜつ　　　3 しんざい　　　4 しんせつ

2 ドイツの首都はベルリンです。

1 しゅと　　　2 しゅうとう　　　3 しゅうと　　　4 しゅとう

3 私は高校時代化学が嫌（きら）いだった。

1 かがく　　　2 かかく　　　3 ががく　　　4 がかく

4 このデパートの品物なら安心して買えます。

1 しなもの　　　2 ひんぶつ　　　3 ひんもの　　　4 しなぶつ

5 失敗しても慌てずにもう一度しましょう。

1 あてて　　　2 あわて　　　3 あいて　　　4 あくて

6 人違（ちが）いであることが明白になったとき、彼は逃（に）げたくなった。

1 みょうはく　　　2 めいひゃく　　　3 みょうひゃく　　　4 めいはく

7 雨のため、祭りが一部縮小されて行われた。

1 しゅくしょ　　　2 しゅくしょう　　　3 ちゅくしょ　　　4 ちゅくしょう

8 消極的な人は気が弱い性格だと誤解（ごかい）されやすい。

1 せいげき　　　2 せいけき　　　3 しょきょく　　　4 しょうきょく

問題2 ＿＿＿＿のことばを漢字で書くとき、最もよいものを、1・2・3・4から一つ
えらびなさい。

9 ちょっといねむりしているうちに、降りる駅を行き過ぎてしまった。 ♚♚♔

　　1　昼眠り　　　　2　居眠り　　　　3　昼寝り　　　　4　居寝り

10 この高校は部活動がさかんなことで有名です。 ♚♚♔

　　1　豊んな　　　　2　盛んな　　　　3　勢んな　　　　4　強んな

11 田舎からとどいた荷物には野菜が入っていた。 ♚♔♔

　　1　着いた　　　　2　帰いた　　　　3　止いた　　　　4　届いた

12 寒い冬にはやっぱりあたたかいお茶が一番だ。 ♚♔♔

　　1　暖かい　　　　2　温かい　　　　3　暑かい　　　　4　熱かい

13 天気予報によると今日はさいてい気温がマイナス4度まで下がる。 ♚♚♔

　　1　最低　　　　　2　切体　　　　　3　切低　　　　　4　最体

14 長い間準備した試験に不合格になって涙をながした。 ♚♔♔

　　1　出した　　　　2　長した　　　　3　流した　　　　4　戻した

問題３ （　　　）に入れるのに最もよいものを、１・２・３・４から一つえらびなさい。

15 その自動車事故の原因は「ながら運転」だという（　　　）に達した。　👑👑👑

1　結論　　　　　2　結局　　　　　3　結果　　　　　4　結構

16 スポーツは毎日（　　　）することが大事です。　👑👑👑

1　練習　　　　　2　出席　　　　　3　予定　　　　　4　予習

17 この運動靴は軽くて（　　　）やすいです。　👑👑👑

1　つけ　　　　　2　かけ　　　　　3　き　　　　　　4　はき

18 健康のために（　　　）食べたほうがいいです。　👑👑👑

1　それから　　　2　あまり　　　　3　ちょうど　　　4　ほどほどに

19 この料理を作るとき、野菜と肉、どちらを先に（　　　）ますか。　👑👑👑

1　食べ　　　　　2　燃え　　　　　3　断り　　　　　4　炒め

20 天気がいいと、ここからスカイツリーが（　　　）見えます。　👑👑👑

1　ぐっすり　　　2　はっきり　　　3　ぴったり　　　4　たっぷり

21 昨日の発表は（　　　）できた。　👑👑👑

1　うまく　　　　2　くさく　　　　3　激しく　　　　4　わるく

22 夫は旅（　　　）のトルコから珍しいスカーフを買ってきてくれました。　👑👑👑

1　手　　　　　　2　外　　　　　　3　先　　　　　　4　地

23 彼は長年かけてむすこをオリンピック選手に育て（　　　）。　👑👑👑

1　回った　　　　2　受けた　　　　3　上げた　　　　4　みた

24 そんなに（　　　）時間でこの宿題を終わらせることはできません。　👑👑👑

1　厳しい　　　　2　親しい　　　　3　短い　　　　　4　長い

25 ６時くらいから雨が降るそうだから、かさの（　　　）をしていったほうがいいと
思うよ。　👑👑👑

1　用途　　　　　2　用事　　　　　3　用件　　　　　4　用意

問題４ ＿＿＿に意味が最も近いものを、１・２・３・４から一つえらびなさい。

26 時間があるときにコピー機を修理してください。　👑👑👑

　　1　預けて　　　　　2　移して　　　　3　直して　　　　4　変えて

27 海外に行くときにはパスポートが必要です。　👑👑👑

　　1　あたえます　　2　いります　　　3　いただきます　4　とります

28 休日はたいてい家でテレビを見ています。　👑👑👑

　　1　かならず　　　2　ずいぶん　　　3　ちゃんと　　　4　ほとんど

29 彼はおしゃべりな人が好きです。　👑👑👑

　　1　よく見る　　　2　よく歩く　　　3　よく食べる　　4　よく話す

30 上村さんは男の人にもてるタイプだと思います。　👑👑👑

　　1　人気がある　　2　うやまう　　　3　優しい　　　　4　めでたい

問題5　つぎのことばの使い方として最もよいものを、1・2・3・4から一つえらび
　　　　なさい。

31　ばったり　　　　　　　　　　　　　　　　　　　　　👑👑👑

　　1　約束していた先生とばったり話した。

　　2　部屋に入ったら、みんなばったりいなくなっていた。

　　3　明日レストランでばったり話をすることにした。

　　4　道で昔の彼氏にばったり会った。

32　貧しい　　　　　　　　　　　　　　　　　　　　　　👑👑👑

　　1　私の数学の先生の教え方は貧しい。

　　2　貧しい家庭で育ち、幼いときに母をなくしました。

　　3　黙って休むなんて、貧しいよ。電話したほうがいいよ。

　　4　妹はひどい風邪で、何を食べても喉が貧しいという。

33　たとえ　　　　　　　　　　　　　　　　　　　　　　👑👑👑

　　1　たとえもっと頑張れば、絶対成功するだろう。

　　2　たとえこんなに暑いのに、弟はいつ帰ってくるの。

　　3　たとえ彼女が来るから、私は宴会には行かないつもりです。

　　4　たとえどんなにつらくても、終わるまでやるつもりです。

34　抜く　　　　　　　　　　　　　　　　　　　　　　　👑👑👑

　　1　ズボンを抜いたら、そこにかけてください。

　　2　充電器のコードを抜いてください。

　　3　机をぴかぴかに抜いた。

　　4　みかんを抜いて食べた。

35　だらけ　　　　　　　　　　　　　　　　　　　　　　👑👑👑

　　1　そのレポートは漢字が間違いだらけだった。

　　2　数学は最初は難しいだらけだ。

　　3　あのお客さんは面倒だらけだ。

　　4　その子は道に迷っただらけだった。

N3

言語知識（文法）・読解
（70分）

注　意
Notes

1. 試験が始まるまで、この問題用紙を開けないでください。
   Do not open this question booklet until the test begins.

2. この問題用紙を持って帰ることはできません。
   Do not take this question booklet with you after the test.

3. 受験番号と名前を下の欄に、受験票と同じように書いてください。
   Write your examinee registration number and name clearly in each box below as written on your test voucher.

4. この問題用紙は、全部で17ページあります。
   This question booklet has 17 pages.

5. 問題には解答番号の　1 、 2 、 3 …が付いています。
   解答は、解答用紙にある同じ番号のところにマークしてください。
   One of the row numbers 1 , 2 , 3 … is given for each question. Mark your answer in the same row of the answer sheet.

受験番号　Examinee Registration Number	

名　前　Name	

問題1　つぎの文の（　　　）に入れるのに最もよいものを、1・2・3・4から一つ
　　　　えらびなさい。

1　A「新しくできたパン屋さん、行列ができてるね。」　　　　　　　　♛♛♛

　　B「ほんとだ。たくさんの人が並んでいるから、きっと（　　　）。」

　　A「じゃ、僕たちも行ってみよう。」

　　1　おいしそうじゃないってさ　　　　　　2　おいしいんじゃない

　　3　おいしくないって　　　　　　　　　　4　おいしくみえないんじゃない

2　体調が悪くて欠席したんです。サボった（　　　）です。　　　♛♛♛

　　1　はず　　　　　　2　ばかり　　　　　3　わけではない　　4　こと

3　田村「山本さんから、お金は返してもらったの？」　　　　　　　♛♛♛

　　高橋「ううん、まだ。でもまた貸してくれって昨日連絡がきた。」

　　田村「それで、また貸してあげるつもり？」

　　高橋「まさか。もう二度と（　　　）。」

　　1　貸すものか　　　2　貸してあげる　　3　貸すな　　　　　4　貸しなさい

4　韓国のドラマはおもしろいもの（　　　）、つまらないものもある。　♛♛♛

　　1　もあれば　　　　2　があったら　　　3　はあると　　　　4　のなければ

5　私は彼にしか秘密を話していないので、彼がみんなに話した（　　　）。　♛♛♛

　　1　とは言えないだろう　　　　　　　　2　と思いようがない

　　3　と言うほどではない　　　　　　　　4　としか思えない

6　山田「お父様は、どんなお仕事を（　　　）いるんでしょうか。」　♛♛♛

　　坂田「私の父は小説家です。」

　　1　いたして　　　　2　なさって　　　　3　させられて　　　4　してさしあげて

7 夫「まだ仕事が（　　　）から、夕ご飯は先に食べてね。」

　　妻「あら、そう。わかったわ。運転気を付けて帰ってきてね。」

　1　終わるようになる　　　　　　　　2　終わりそうになる

　3　終わるようにない　　　　　　　　4　終わりそうにない

8 変な格好で寝ている（　　　）知り合いに見られてしまって、はずかしい。

　1　ところへ　　　　2　ところが　　　　3　ところを　　　　4　ところか

9 学生「先生、自習するとき、音楽を（　　　）勉強してもいいですか。」

　　先生「音楽を聞くと勉強に集中できないので、邪魔にならない程度にね。」

　1　聞くだけ　　　　2　聞いたきり　　　　3　聞くばかり　　　　4　聞きながら

10 朝のニュースによると、新薬の開発はまだまだ時間がかかる（　　　）。

　1　というはずだ　　2　といってもいい　3　ということだ　　4　とかする

11 自分では何もしない（　　　）、命令ばかりしないでください。

　1　くせに　　　　2　せいで　　　　3　どころか　　　　4　とたん

12 この魚の養殖はテストを重ねて20年（　　　）で成功した。

　1　がかり　　　　2　がち　　　　3　おき　　　　4　ぎみ

13 A「渡辺さん、今日も来てないの？」

　　B「うん。おとといから（　　　）電話をかけても出ないんだよ。」

　1　いつか　　　　2　どうして　　　　3　いつでも　　　　4　いくら

問題2　つぎの文の＿★＿に入る最もよいものを、1・2・3・4から一つえらびなさい。

14　仕事を ＿＿＿＿ ＿＿＿＿ ＿★＿ ＿＿＿＿ ような気がする。　　👑👑👑

　　1　ストレスも　　　2　するほど　　　3　多くなる　　　4　すれば

15　天気予報では一日中晴れだったので、まさか ＿＿＿＿ ＿★＿ ＿＿＿＿ ＿＿＿＿ 。

👑👑👑

　　1　降られる　　　　　　　　　　　2　雪に

　　3　思いもしなかった　　　　　　　4　とは

16　＿＿＿＿ ＿＿＿＿ ＿＿＿＿ ＿★＿ 、50,000円のオペラに行けなくなった。　👑👑👑

　　1　用事が　　　2　急ぎの　　　3　ものだから　　　4　入った

17 彼女は楽器が好きで、ピアノは ＿＿★＿＿ ＿＿＿＿ ＿＿＿＿ ＿＿＿＿。 👑👑👑

　　1　ひける　　　　　2　もとより　　　　3　らしい　　　　4　ギターも

18 A「彼と別れたの？」 👑👑👑

　　B「うん。でも、仲直りして、やり直したいんだけど、今さら ＿＿＿＿ ＿＿★＿＿

　　　　＿＿＿＿ ＿＿＿＿ だろうね。」

　　1　許<ruby>許<rt>ゆる</rt></ruby>して　　　2　ところで　　　3　くれない　　　4　あやまった

問題３　つぎの文章を読んで、文章全体の内容を考えて、 19 から 23 の中に入る最もよいものを、１・２・３・４から一つえらびなさい。

　４月からたばこによる健康への悪影響を 19 、飲食店でのたばこの規則が変わった。新しい規則ではたばこを吸う場合は決められた場所でのみとなり、また、20歳未満の人がたばこを吸う場所に立ち入ることも 20 。そして規則を守らなかった場合には罰金もあるなど、たばこに関する規則が厳しくなった。

　飲食店の対策は大きく次の四つに分かれる。一つ目は、店内ではたばこを吸えなくすること。二つ目は喫煙室を作ること。 21 たばこを吸いながら飲食はできない。三つ目は加熱式たばこ喫煙室を作ること。この場合は、加熱式たばこを吸いながら飲食ができる。最後に喫煙室と加熱式たばこ喫煙室の両方を作ること。加熱式たばこ喫煙室では飲食ができるの 22 、喫煙室では飲食ができないということに注意が必要だ。

　今後、飲食店では店の入口に、たばこの規則に関する表示が義務付けられる。たばこを吸う人は店に入る前に確認が必要だ。なお、東京都のように自治体によっては、国よりも厳しい決まりを作ったところもある。たばこを吸う人は他の人の迷惑にならないように新しい規則をしっかり知っておく 23 だろう。

（注）加熱式たばこ：電気などを使ってタバコの葉を加熱して蒸気を吸うたばこ

19 👑👑👑

    1 防^{ふせ}ぐため   2 防^{ふせ}ぐかのように

    3 防^{ふせ}ぐには   4 防^{ふせ}ぐせいで

20 👑👑👑

    1 禁止^{きんし}させる   2 禁止^{きんし}される

    3 禁止^{きんし}してもらう   4 禁止^{きんし}してくれる

21 👑👑👑

    1 ところが   2 ただし   3 つまり   4 なぜなら

22 👑👑👑

    1 について   2 によって   3 に対して   4 に対する

23 👑👑👑

    1 はず   2 こと   3 べきではない   4 べき

問題４　つぎの(1)から(4)の文章を読んで、質問に答えなさい。答えは、１・２・３・４から最もよいものを一つえらびなさい。

(1)　　　　　　　　　　　　　　　　　　　　　　　　　　　♛♛♛

　ソーシャルゲームは、ソーシャルネットワーク（SNS）上で基本的に無料で楽しめるゲームのことだ。SNS 上で利用できるので、友達とスコアを共有したり、友達がプレイしているゲームに参加することもできる。1回のプレイ時間が短く、気楽に楽しめるゲームが多いことも特徴の一つだ。以前のゲームは、ゲームソフト自体を数千円で販売していたが、ソーシャルゲームの場合、ネットワーク経由でゲームが配信されるので、パッケージソフトを買う必要はない。　　　　　　　　　　　　　　　　　　（注）

(注) パッケージソフト：販売されている、すでにできあがっているソフトウエア（Package Software）

24　この文章の内容と合っているものはどれか。

　　１　ソーシャルゲームはオフラインでつながっているゲームのことだ。
　　２　友達がプレイしているゲームを横で見ることができる。
　　３　ソーシャルゲームは、SNS 上でつながり気楽に楽しめるものが多い。
　　４　ゲームソフトを買った人だけがゲームに参加できる。

(2)

　動物にも感情がある。例えば犬の場合、うれしいときは目を細めて舌を出し、しっぽ
を大きく振り回す。猫の場合、うれしいときはしっぽをピーンと立て、気分がいいときは
喉をごろごろと鳴らす。インコの場合、うれしいときは鳴いたり、楽しいときは頭をブン
ブン振り回す。中には走り回りながら頭を振り回すインコもいるそうだ。動物によって感
情表現はさまざまだ。飼い主は自分のペットをよく観察してあげることが大切だ。

（注１）しっぽ：動物のお尻から伸びる細長い部分
（注２）飼い主：動物を飼って育てている人

[25]　この文章の内容と合っているものはどれか。

　1　動物に感情はほとんどなく、体を動かすのに特に意味はない。

　2　動物も人間のようにいろいろな感情を持っている。

　3　猫はうれしいとき、しっぽをブンブン振る。

　4　すべての動物はうれしいとき、皆しっぽを振り回す。

(3)　　　　　　　　　　　　　　　　　　　　　　　　　　　　　　　　👑👑👑

　ペンギンにはいろいろな種類があり、最も大きいコウテイペンギンは体長が115センチから130センチある。コウテイペンギンは特に子育てが大変なことで知られている。メスは卵を産むと、卵をオスに預けて、片道100キロから200キロかけてエサを求めて遠い海まで旅に出る。オスはエサを食べることもできず、3～4か月もの間、卵をひたすら温め続ける。オスもメスも卵を守るため、命をかけている。

26　この文章を書いた人が最も言いたいことは何か。

1　コウテイペンギンのオスとメスの仕事が違うこと

2　コウテイペンギンは一番大きいペンギンであること

3　コウテイペンギンの子育ては命がけだということ

4　コウテイペンギンの子育ての大変さを知ってほしいということ

(4)　　　　　　　　　　　　　　　　　　　　　　　　　　　　　　　　　　👑👑👑

　最近、両親を「お父さん」「お母さん」ではなく、名前で呼ぶ若者(わかもの)がいるらしい。両親
を名前で呼ぶ理由は、そう言われたから、呼びやすいから、友達くらい仲がいいからなど
だ。それに対して、両親に失礼だ、上下関係ははっきりするべきなどの反対意見がある。
海外では両親を名前で呼ぶこともあるようだが、日本ではかなり珍(めずら)しい。しかし、時代
と共にこれからは変わっていくのではないだろうか。

27　この文章を書いた人はこれからどう変わっていくと言っているか。

　1　両親を名前で呼ぶ失礼な若者(わかもの)が増える。

　2　両親と友達のような親しい関係になる。

　3　両親を名前で呼ぶことに反対する人が増える。

　4　両親を名前で呼ぶ人が日本でも増える。

問題5　つぎの(1)と(2)の文章を読んで、質問に答えなさい。答えは、1・2・3・4から最もよいものを一つえらびなさい。

(1)　　　　　　　　　　　　　　　　　　　　　　　　　　　　👑👑👑

　私たち家族は、長野県という自然の多いところに住んでいます。冬になると雪がたくさん降るので、冬のスポーツをしに来る人もたくさんいます。

　両親は、二人で小さなケーキ屋を開いています。長野県は、はちみつが有名なので、甘くておいしいはちみつを使ったケーキをたくさん作って売っています。いつも、同じ店で働いているので父と母はよくけんかをしますが、仲が良くて私の自慢の両親です。

　私の妹は二人とも大学に通っています。二番目のまいは、大学でフランス語を勉強しています。今度、フランスにお菓子を学びに行くそうです。お菓子についてたくさん学んで、お父さんたちの手伝いをしたいと言っています。一番下のみかは、私と同じ大学で食べ物について学んでいます。

　私たち家族は、みんな食べること、作ることが大好きな家族です。来週、ケーキのレシピをお父さんに教えてもらおうと思います。私の夢は、妹と三人でお父さんのケーキ屋で働くことです。

28　「私の家族」について正しいものはどれか。

1　お父さん、お母さん、私　　　　　2　お父さん、お母さん、妹一人

3　お父さん、お母さん、姉二人、私　　4　お父さん、お母さん、妹二人、私

29　「私の両親」について正しいものはどれか。

1　長野県ではちみつを作っています。

2　フランスでケーキ屋を開いています。

3　長野県ではちみつを使ったケーキを作っています。

4　長野県で子どもたちにお菓子のレシピを教えています。

30　この文章の内容と合っているものはどれか。

1　私の夢は、父の店で働くことです。　　2　妹は今、二人ともフランスにいます。

3　お父さんとお母さんは仲が悪いです。　4　冬には、家族みんなでスキーをします。

　　水道工事にご理解・ご協力を頂きまして、ありがとうございます。古くなった水道管を取り替えるための工事について、お知らせします。工事に当たっては、<u>細心の注意</u>を払って行いますが、工事の時に騒音や揺れなど、道路の通行にご迷惑をおかけする場合があります。なにとぞ、ご理解、ご協力をお願いいたします。

◎地面を壊す音が発生します。

◎通行止めを行います。

工事の日：20××年4月20日（火）、4月22日（木）

工事の時間：10：00 ～ 17：00

※さくら通りで工事をするので通行止めになります。

※車は通行できません。歩行者・自転車は普段通り通行ができます。

※車の人はあおば通りか、さかえ通りを使ってください。詳しくは地図を見てください。

[31] この文章のタイトルとして合っているものはどれか。

1　水道管の取り替え工事のお知らせ　　　2　車での通行のご案内

3　古くなった水道管の注意点　　　　　　4　外出禁止のお願い

[32] この文章中の<u>細心の注意</u>の意味として合っているものはどれか。

1　細かい部分には技術が必要とされる。　2　小さなことにも気を配る。

3　文句を言う人がいないか心配する。　　4　交通の問題にまで気を配る。

[33] この文章の内容と合っているものはどれか。

1　工事は3日間かけてさくら通りで行われる。

2　水道管の工事のため水の音がうるさいだろう。

3　工事は夜遅く行われるので歩く人や自転車は関係ない。

4　さくら通りが通行止めのため車は回り道をする。

　数年前、海外へ旅行に行き、現金を使う人が少ないことに驚いた。日本では現金を使うのが普通だったためだ。そんな日本でも、最近ではスマホ決済など現金以外の支払い方法が広がってきたような気がする。

　スマホ決済とはスマートフォンに必要なアプリを入れ、銀行口座やクレジットカードの情報を入れて使うことをいう。お店でスマホ決済を使いたいと言うと簡単に支払うことができる。スマホ決済で支払ったものは、事前にアプリに入れたお金から、または、自分の銀行口座から支払われるため、現金を使わずにお金を払うことができる。

　スマホ決済のいいところは、現金を持つ必要がないため、支払いが楽なことや、使った分だけポイントがもらえ、そのポイントを次の買い物で使うことができるなど、現金にはないサービスが受けられるところだろう。

　2020年の新型コロナウイルスの流行で人と近づく時間を少なくするべきだという考えが広がり、初めてスマホ決済を使った人もいるだろう。アプリに個人情報を入れることで、人から情報が盗まれるのではないかとスマホ決済の安全性に疑問を持つ人もいるが、スマホ決済のメリットを多くの人が理解すれば、日本でも利用する人がもっと増えていくだろう。

（注）新型コロナウイルス：COVID-19、コロナウイルスが原因でかかる病気

34　この文章を書いた人は、海外旅行で何に驚いたか。
1　スマホ決済をする人の多さ
2　現金を使わない人の多さ
3　クレジットカードの便利さ
4　スマホを使う人の多さ

35 スマホ決済とはどういうものか。

1 クレジットカードで支払いをする方法

2 スマホを銀行に持って行って支払いをする方法

3 スマホアプリに口座情報を入れて支払いをする方法

4 ポイントを使って支払いする方法

36 スマホ決済について間違っているものはどれか。

1 アプリに名前だけ入れたら使うことができる。

2 現金支払いにはないサービスを受けることができる。

3 ATM でお金をおろす必要がない。

4 事前にお金をアプリに入れておくことができる。

37 この文章を書いた人は、スマホ決済についてどう思っているか。

1 スマホ決済は便利なので、みんなが使うべきだ。

2 日本ではスマホ決済はあまり広がらないだろう。

3 スマホ決済は安全ではないので、使わないほうがいい。

4 いいところがわかれば、使う人は増えるだろう。

問題7　右のページは、外国人向けのお知らせである。これを読んで、下の質問に答え
なさい。答えは、1・2・3・4から最もよいものを一つえらびなさい。👑👑👑

[38]　ケイさんは日本で初めて就職活動をする。インターネット相談を初めて利用する場
合はどうしたらいいか。

1　国際交流会の受付に行って、直接申し込む。
2　在留カードのコピーを準備してから、相談内容を決め、メールをする。
3　在留カードの番号を覚えてから、電話をする。
4　在留カードのコピーを準備してから、ホームページで会員登録をする。

[39]　面接の練習をするため明日の相談予約をしたが、面接がなくなったので履歴書の書
き方を相談したい。どうしたらいいか。

1　相談時間は変わらないので、明日の予約時間にそのまま行く。
2　電話で面接練習のキャンセルをし、ホームページで新しく相談予約をする。
3　ホームページで面接の練習をキャンセルし、新しい予約を取る。
4　電話で相談内容を変えたいと連絡する。

日本で働きたい外国人のみなさんのための
インターネット就職相談

日本で就職したいけれどどうしたらいいか、日本語でどうやって履歴書を書いたらいいのか、仕事の面接って何を聞かれるのかなど、みなさんが就職で悩んでいることを相談できる窓口ができました。ぜひ、みなさん利用してください。

場所
インターネット（ZOOM）

相談方法
- はじめての人はホームページの会員登録という画面から、会員になってください。会員になるためには、在留カードのコピー（PDF）が必要です。
- 会員になった方は相談の予約をすることができます。相談の予約はホームページからしてください。
- 相談は1人1回30分です。1週間に2回まで相談予約をすることができます。キャンセルする場合は、必ず前日までにキャンセルしてください。相談の日にキャンセルした場合は、その日から2週間新しい予約をすることができませんので注意してください。
- 相談は無料です。予約する時は相談内容を決めてから予約してください。予約した時と相談内容が変わる場合は、キャンセルをしてから、新しく予約を取ってください。
- キャンセルはホームページからすることができます。

相談内容
- 日本での就職活動の仕方、履歴書の書き方、面接練習、仕事の探し方、今の仕事で悩んでいることの相談

※ビザの相談はしていません。

連絡先
東京都新宿区1丁目　みなみデパート6階　国際交流会
平日は午前9時から午後5時まで、土曜日は午前10時から午後4時まで、日曜・祝日はお休み
TEL：03-1111-5555

通し聞き用音声
🎧 MP3　N 3-1-40

N 3

ちょうかい
聴解

（40分）

注　意
Notes

1. 試験が始まるまで、この問題用紙を開けないでください。
   Do not open this question booklet until the test begins.

2. この問題用紙を持って帰ることはできません。
   Do not take this question booklet with you after the test.

3. 受験番号と名前を下の欄に、受験票と同じように書いてください。
   Write your examinee registration number and name clearly in each box below as written on your test voucher.

4. この問題用紙は、全部で14ページあります。
   This question booklet has 14 pages.

5. この問題用紙にメモをとってもいいです。
   You may make notes in this question booklet.

じゅけんばんごう 受験番号　Examinee Registration Number	

名　前　Name	

問題1

🎧 MP3 N3-1-01

問題1では、まず質問を聞いてください。それから話を聞いて、問題用紙の1から4の中から、最もよいものを一つえらんでください。

れい　🎧 MP3 N3-1-02

1　600円
2　700円
3　800円
4　900円

1.

2.

3.

4.

2ばん　🎧 MP3 N3-1-04　👑👑👑

1　車でけっこん式場まで行く
2　女の人の家にむかえに行く
3　女の人にれんらくをする
4　けっこん式場に電話をする

3ばん　🎧 MP3 N3-1-05　👑👑👑

1　しょくいんしつに行く
2　家にノートを取りに行く
3　カレー屋に行く
4　学生食堂に行く

4ばん 🎧MP3 N3-1-06

1 南山びょういん
2 フランス料理店
3 南山びょういん
4 中央けいさつしょ

5ばん 🎧MP3 N3-1-07

1 夜ご飯を食べる
2 大家さんにあいさつする
3 入浴する
4 仕事をする

6ばん 🎧 MP3 N3-1-08　　👑👑👑

1　しゅくはくりょうきんをはらう

2　レストランに行_いく

3　れんらくさきを教_{おし}える

4　部屋_{へや}に行_いく

もんだい
問題2

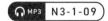

問題2では、まず質問を聞いてください。そのあと、問題用紙を見てください。読む時間があります。それから話を聞いて、問題用紙の1から4の中から、最もよいものを一つえらんでください。

れい　🎧MP3 N3-1-10

1　かんたんに作れるから

2　社員食堂がこんざつしてるから

3　節約になるから

4　おいしいから

1ばん 🎧MP3 N3-1-11   👑👑👑

1　おかしを食べたから
2　お父さんが作ったから
3　野菜がこげていたから
4　おなかいっぱいだから

2ばん 🎧MP3 N3-1-12   👑👑👑

1　広い家に住みたかったから
2　アパートを出なければいけなかったから
3　交通費が出るから
4　自転車で通うのが大変だったから

3ばん　🎧 MP3 N3-1-13　　　👑👑👑

1　ピンクのシャツに黄色のズボンの男の子
2　白いくつをはいた男の子
3　ピンクのシャツで白いくつの女の子
4　黒の長ズボンをはいた3歳の女の子

4ばん　🎧 MP3 N3-1-14　　　👑👑👑

1　しょうがくきんをしんせいするため
2　じゅこうしんせいをするため
3　せいせきしょうめいしょをもらうため
4　ざいがくしょうめいしょをもらうため

5ばん 🎧 MP3 N3-1-15　　　　　　　　♛♛♛

1　朝早く起きてじゅんびするため

2　しゅっきん時間をこんらんさせないため

3　雪で電車が止まったため

4　社員が間に合う時間にするため

6ばん 🎧 MP3 N3-1-16　　　　　　　　♛♛♔

1　女の人がかんこくの文化を知らないこと

2　日本のキムチがおいしいこと

3　日本ではキムチが有料なこと

4　かんこくではキムチが無料なこと

もんだい
問題3

🎧 MP3 N3-1-17

問題3では、問題用紙に何もいんさつされていません。この問題は、ぜんたいとして
どんなないようかを聞く問題です。話の前に質問はありません。まず話を聞いてくだ
さい。それから、質問とせんたくしを聞いて、1から4の中から、最もよいものを一
つえらんでください。

— メモ —

れい 🎧 MP3 N3-1-18

1ばん 🎧 MP3 N3-1-19　　　　　　　　　　👑👑👑

2ばん 🎧 MP3 N3-1-20　　　　　　　　　　👑👑👑

3ばん 🎧 MP3 N3-1-21　　　　　　　　　　👑👑👑

もんだい
問題4

🎧 MP3 N3-1-22

問題4では、えを見ながら質問を聞いてください。やじるし（➡）の人は何と言いますか。1から3の中から、最もよいものを一つえらんでください。

れい　🎧 MP3 N3-1-23

1 ばん ♛♛♛

2 ばん ♛♛♛

3ばん 🎧 MP3 N3-1-26 👑👑👑

4ばん 🎧 MP3 N3-1-27 👑👑👑

問題5

問題5では、問題用紙に何もいんさつされていません。まず文を聞いてください。それから、そのへんじを聞いて、1から3の中から、最もよいものを一つえらんでください。

れい	🎧 MP3　N3-1-29	
1ばん	🎧 MP3　N3-1-30	👑👑👑
2ばん	🎧 MP3　N3-1-31	👑👑👑
3ばん	🎧 MP3　N3-1-32	👑👑👑
4ばん	🎧 MP3　N3-1-33	👑👑👑
5ばん	🎧 MP3　N3-1-34	👑👑👑
6ばん	🎧 MP3　N3-1-35	👑👑👑
7ばん	🎧 MP3　N3-1-36	👑👑👑
8ばん	🎧 MP3　N3-1-37	👑👑👑
9ばん	🎧 MP3　N3-1-38	👑👑👑

— メモ —

Ｎ３ げんごちしき（もじ・ごい）

じゅけんばんごう
Examinee Registration
Number

なまえ
Name

〈ちゅうい Notes〉

1. くろいえんぴつ(HB、No.2)でかいてください。
Use a black medium soft (HB or No.2) pencil.

（ペンやボールペンではかかないでください。）
(Do not use any kind of pen.)

2. かきなおすときは、けしゴムできれいにけして
ください。
Erase any unintended marks completely.

3. きたなくしたり、おったりしないでください。
Do not soil or bend this sheet.

4. マークれい Marking Examples

よいれい Correct Example	わるいれい Incorrect Examples
●	⊗ ○ ◑ ◯ ⊙ ◐

問 題 1

1	①	②	③	④
2	①	②	③	④
3	①	②	③	④
4	①	②	③	④
5	①	②	③	④
6	①	②	③	④
7	①	②	③	④
8	①	②	③	④

問 題 2

9	①	②	③	④
10	①	②	③	④
11	①	②	③	④
12	①	②	③	④
13	①	②	③	④
14	①	②	③	④

問 題 3

15	①	②	③	④
16	①	②	③	④
17	①	②	③	④
18	①	②	③	④
19	①	②	③	④
20	①	②	③	④
21	①	②	③	④
22	①	②	③	④
23	①	②	③	④
24	①	②	③	④
25	①	②	③	④

問 題 4

26	①	②	③	④
27	①	②	③	④
28	①	②	③	④
29	①	②	③	④
30	①	②	③	④

問 題 5

31	①	②	③	④
32	①	②	③	④
33	①	②	③	④
34	①	②	③	④
35	①	②	③	④

N3 げんごちしき（ぶんぽう）・どっかい

じゅけんばんごう
Examinee Registration
Number

なまえ
Name

〈ちゅうい Notes〉

1. 〈ろいえんぴつ(HB、No.2)でかいてください。
   Use a black medium soft (HB or No.2) pencil.
   （ペンやボールペンではかかないでください。）
   (Do not use any kind of pen.)

2. かきなおすときは、けしゴムできれいにけして
   ください。
   Erase any unintended marks completely.

3. きたなくしたり、おったりしないでください。
   Do not soil or bend this sheet.

4. マークれい Marking Examples

よいれい Correct Example	わるいれい Incorrect Examples
●	⊘ ⊗ ○ ◍ ◑ ⊖

問題 1

1	①	②	③	④
2	①	②	③	④
3	①	②	③	④
4	①	②	③	④
5	①	②	③	④
6	①	②	③	④
7	①	②	③	④
8	①	②	③	④
9	①	②	③	④
10	①	②	③	④
11	①	②	③	④
12	①	②	③	④
13	①	②	③	④

問題 2

14	①	②	③	④
15	①	②	③	④
16	①	②	③	④
17	①	②	③	④
18	①	②	③	④

問題 3

19	①	②	③	④
20	①	②	③	④
21	①	②	③	④
22	①	②	③	④
23	①	②	③	④

問題 4

24	①	②	③	④
25	①	②	③	④
26	①	②	③	④
27	①	②	③	④

問題 5

28	①	②	③	④
29	①	②	③	④
30	①	②	③	④
31	①	②	③	④
32	①	②	③	④
33	①	②	③	④

問題 6

34	①	②	③	④
35	①	②	③	④
36	①	②	③	④
37	①	②	③	④

問題 7

38	①	②	③	④
39	①	②	③	④

N3 ちょうかい

じゅけんばんごう
Examinee Registration Number

なまえ
Name

〈ちゅうい Notes〉
1. くろいえんぴつ(HB、No.2)でかいてください。
Use a black medium soft (HB or No.2) pencil.
(ペンやボールペンではかかないでください。)
(Do not use any kind of pen.)
2. かきなおすときは、けしゴムできれいにけして
ください。
Erase any unintended marks completely.
3. きたなくしたり、おったりしないでください。
Do not soil or bend this sheet.
4. マークれい Marking Examples

よいれい Correct Example	わるいれい Incorrect Examples
●	⊗ ◯ ◔ ◑ ⊘ ◍

問題 1

	1	2	3	4
れい	①	②	●	④
1	①	②	③	④
2	①	②	③	④
3	①	②	③	④
4	①	②	③	④
5	①	②	③	④
6	①	②	③	④

問題 2

	1	2	3	4
れい	①	②	●	④
1	①	②	③	④
2	①	②	③	④
3	①	②	③	④
4	①	②	③	④
5	①	②	③	④
6	①	②	③	④

問題 3

	1	2	3	4
れい	①	②	●	④
1	①	②	③	④
2	①	②	③	④
3	①	②	③	④

問題 4

	1	2	3
れい	●	②	③
1	①	②	③
2	①	②	③
3	①	②	③
4	①	②	③

問題 5

	1	2	3
れい	①	●	③
1	①	②	③
2	①	②	③
3	①	②	③
4	①	②	③
5	①	②	③
6	①	②	③
7	①	②	③
8	①	②	③
9	①	②	③

N3

げんごちしき（もじ・ごい）
（30ぷん）

ちゅうい
Notes

1. しけんが　はじまるまで、この　もんだいようしを　あけないで　ください。

   Do not open this question booklet until the test begins.

2. この　もんだいようしを　もって　かえる　ことは　できません。

   Do not take this question booklet with you after the test.

3. じゅけんばんごうと　なまえを　したの　らんに、じゅけんひょうと　おなじように　かいて　ください。

   Write your examinee registration number and name clearly in each box below as written on your test voucher.

4. この　もんだいようしは、ぜんぶで　5ページ　あります。

   This question booklet has 5 pages.

5. もんだいには　かいとうばんごうの　 1 、 2 、 3 …が　ついて　います。かいとうは、かいとうようしに　ある　おなじ　ばんごうの　ところに　マークして　ください。

   One of the row numbers 1 , 2 , 3 … is given for each question. Mark your answer in the same row of the answer sheet.

じゅけんばんごう　　Examinee Registration Number	

なまえ　　Name	

問題1 _____のことばの読み方として最もよいものを、1・2・3・4から一つえらびなさい。

1 私は人づきあいが苦手なので会合などは夫に行ってもらいます。 👑👑👑

  1　かいごう　　　　2　かいあい　　　　3　あいごう　　　　4　あいあい

2 先生の言ったことが全部正しいとは言えない。 👑👑👑

  1　さびしい　　　　2　かなしい　　　　3　ただしい　　　　4　おいしい

3 彼女はかがみに映る自分を見てびっくりした。 👑👑👑

  1　ひかる　　　　　2　てる　　　　　　3　はる　　　　　　4　うつる

4 結果も大切だけど努力したことに意味があるんだよ。 👑👑👑

  1　どうりょく　　　2　どりょく　　　　3　きょうりょく　　4　きょりょく

5 藤本(ふじもと)さんは10年前からソウルで暮らしています。 👑👑👑

  1　くらして　　　　2　よらして　　　　3　あらして　　　　4　もらして

6 元の書類とその翻訳(ほんやく)を比べてみたら、いくつか間違(ちが)った表現(ひょうげん)を見つけた。 👑👑👑

  1　のべて　　　　　2　すべて　　　　　3　ならべて　　　　4　くらべて

7 横断(おうだん)歩道を渡ろうとしたら、信号が赤に変わった。 👑👑👑

  1　しんこう　　　　2　しんごう　　　　3　しんこ　　　　　4　しんご

8 ドルに両替するため銀行に行ってきます。 👑👑👑

  1　りょうかえ　　　2　りょうたい　　　3　りょうがえ　　　4　りょうだい

問題２ _____のことばを漢字で書くとき、最もよいものを、１・２・３・４から一つ
えらびなさい。

9 夫は毎週水曜日に中国文学の研究会にかよっています。 👑👑👑

　　1 通って　　　　2 走って　　　　3 使って　　　　4 待って

10 きかいがあったら、いっしょに食事をしましょう。 👑👑👑

　　1 機害　　　　2 機外　　　　3 機会　　　　4 機械

11 私は勉強中、よくあまいものを食べます。 👑👑👑

　　1 塩い　　　　2 苦い　　　　3 辛い　　　　4 甘い

12 祖父から家や土地をそうぞくしたけど、その方法は簡単ではなかった。 👑👑👑

　　1 送族　　　　2 後続　　　　3 相族　　　　4 相続

13 電車がプラットホームにつきました。 👑👑👑

　　1 帰きました　　2 着きました　　3 届きました　　4 留きました

14 戦争のせいであの国のけいざいは悪化している。 👑👑👑

　　1 経財　　　　2 経済　　　　3 経在　　　　4 経材

問題3 （　　　）に入れるのに最もよいものを、1・2・3・4から一つえらびなさい。

15 今回新しくできたワクチンの（　　　）作用が初めて確認された。
1　不　　　　　2　悪　　　　　3　反　　　　　4　副

16 私たちのクラスは女の子がたくさんいて、男の子は（　　　）です。
1　強い　　　　2　新しい　　　3　少ない　　　4　古い

17 山田さんの部屋（　　　）山が見えます。
1　で　　　　　2　に　　　　　3　へ　　　　　4　から

18 専門家が新しいコンピューターウイルスの（　　　）を警告しています。
1　発達　　　　2　成長　　　　3　進歩　　　　4　流行

19 お母さんの（　　　）にならないようにしなさい。
1　たのしみ　　2　べんり　　　3　じゃま　　　4　ひま

20 最もいい（　　　）を示した会社に仕事をお願いします。
1　要件　　　　2　一件　　　　3　事件　　　　4　条件

21 お湯が（　　　）いる音がするね。
1　わいて　　　2　きえて　　　3　おとして　　4　だして

22 誕生日のパーティーに（　　　）された。
1　紹介　　　　2　勉強　　　　3　招待　　　　4　挨拶

23 彼女はスピーチで事の重大さを何度も（　　　）した。
1　強力　　　　2　強調　　　　3　好調　　　　4　協調

24 何かいいアイデアを思い（　　　）、すぐに紙に書くようにしています。
1　はじめたら　2　だしたら　　3　ついたら　　4　こんだら

25 開店準備のための内装が予想以上にきれいに（　　　）。
1　しあげた　　2　しあがった　3　しこんだ　　4　しこめた

問題4　_____に意味が最も近いものを、1・2・3・4から一つえらびなさい。

26 彼女はその手紙をこっそりかばんにしまった。　👑👑👑

1　とられないように　　　　　2　見られないように

3　なくさないように　　　　　4　忘れないように

27 昨日の飲み会は本当にくだらなかった。　👑👑👑

1　たのしかった　　　　　　　2　しずかだった

3　つまらなかった　　　　　　4　にぎやかだった

28 彼は利口な人です。　👑👑👑

1　金持ちな　　　　　　　　　2　頭がよい

3　自分のことだけを考える　　4　あまり話さない

29 来週までに1万字のレポートなんて、本当にきついです。　👑👑👑

1　大変だ　　　2　大事だ　　　3　危険だ　　　4　簡単だ

30 彼女は歩くのがのろい。　👑👑👑

1　おそい　　　2　はやい　　　3　すきだ　　　4　きらいだ

問題5 つぎのことばの使い方として最もよいものを、1・2・3・4から一つえらび
なさい。

---

31 うまい ♔♔♔

1 彼のうまい日本語の実力に感動した。

2 彼女はギターが本当にうまい。

3 それは興味(きょうみ)うまい話題である。

4 血(ち)は水よりもうまい。

---

32 もったいない ♔♔♔

1 彼はまだ若(わか)いし、とてももったいない人です。

2 私の住んでいるところでは、もったいない水を使って発電をしている。

3 おもしろくてもったいない話があったら、また今度よろしくお願いします。

4 捨(す)てるにはもったいないので、友達にあげることにしました。

---

33 転ぶ ♔♔♔

1 急に用事が入ったので、今日(きょう)の計画が転んでしまった。

2 疲れたので、早めにベッドに転びました。

3 台風で庭の木がすべて転んでしまった。

4 昨日(きのう)、道で転んでけがをしてしまった。

---

34 リサイクル ♔♔♔

1 このエコバッグはペットボトルをリサイクルして作られました。

2 会議の日程(にってい)をリサイクルしたほうがいいと思います。

3 今から音楽をリサイクルします。よく聞いてください。

4 毎日携帯電話(けいたい)をリサイクルして単語の勉強をしている。

---

35 思わず ♔♔♔

1 思わず車が出てきて、ひかれるところだった。

2 思わず宿題を忘れて、家に取りに帰りました。

3 授業中、彼が変な顔をするので、思わず笑ってしまった。

4 そこにいた学生が思わずいなくなっていた。

N3

言語知識（文法）・読解

（70分）

注　意
Notes

1. 試験が始まるまで、この問題用紙を開けないでください。
   Do not open this question booklet until the test begins.

2. この問題用紙を持って帰ることはできません。
   Do not take this question booklet with you after the test.

3. 受験番号と名前を下の欄に、受験票と同じように書いてください。
   Write your examinee registration number and name clearly in each box below as written on your test voucher.

4. この問題用紙は、全部で17ページあります。
   This question booklet has 17 pages.

5. 問題には解答番号の　1 、 2 、 3 …が付いています。
   解答は、解答用紙にある同じ番号のところにマークしてください。
   One of the row numbers 1 , 2 , 3 … is given for each question. Mark your answer in the same row of the answer sheet.

受験番号　Examinee Registration Number	

名　前　Name	

問題1　つぎの文の（　　　　）に入れるのに最もよいものを、1・2・3・4から一つ
　　　　えらびなさい。

1　彼は、会社で仕事も（　　　　）スマホばかり見ている。　👑👑👑

　　1　しても　　　　　　2　せずに　　　　　　3　しなくても　　　4　しようと

2　私はきゅうりが大嫌いなのに、無理やり友達に（　　　　）。　👑👑👑

　　1　食べかけられた　　2　食べさせられた　　3　食べられた　　　4　食べさせた

3　部長「きみ、不要なものがないか、箱の中身を確認して（　　　　）かな。」　👑👑👑

　　社員「はい、わかりました。」

　　1　いただかない　　2　もらわない　　　　3　まいらない　　　4　くれない

4　発表の順番が近づく（　　　　）、緊張してきた。　👑👑👑

　　1　をはじめ　　　　2　につれて　　　　　3　をとおして　　　4　になって

5　A「昨日送った会議の資料は（　　　　）。」　👑👑👑

　　B「はい、拝見いたしました。」

　　1　ご覧になりましたか　　　　　　　　　2　拝見しましたか

　　3　見てくれませんか　　　　　　　　　　4　ご覧くださいませんか

6　引っ越した（　　　　）のころは、新しい学校に慣れるのに大変でした。　👑👑👑

　　1　ところ　　　　　2　しばらく　　　　　3　だけ　　　　　　4　ばかり

7　A「国際マーケティング部の山田ですが、木村部長いらっしゃいますか。」　👑👑👑

　　B「はい、少々（　　　　）ください。」

　　1　待たれて　　　　2　お待ち　　　　　　3　お待ちして　　　4　お待たせ

8　ほしかったかばんが売り切れだったので、次に人気があるの（　　　　）がまんした。

👑👑👑

　　1　も　　　　　　　2　に　　　　　　　　3　で　　　　　　　4　を

11

9 教授が書かれた論文をぜひ（　　　）いただけませんでしょうか。　♔♔♔

　　1　読ませて　　　　2　読まれて　　　　3　読まされて　　　4　お読みして

10 ここ数年、海外旅行に行けていなかったので海外に行きたくて（　　　）。　♔♔♔

　　1　しかない　　　　2　なにもない　　　3　ほかない　　　　4　しようがない

11 人間関係で問題があったときは、いつも母に相談にのって（　　　）いた。　♔♔♔

　　1　もらって　　　　2　あげて　　　　　3　くれて　　　　　4　くださって

12 今回の試験は平均点以下だったが、次（　　　）は90点以上をとりたい。　♔♔♔

　　1　のみ　　　　　　2　だけ　　　　　　3　こそ　　　　　　4　より

13 昔この花は、1輪3,000円（　　　）、今は1輪800円ほどです。　♔♔♔

　　1　しかしなかったが　　　　　　　　　2　だけしたけれど

　　3　もしたけれど　　　　　　　　　　　4　のみしていたが

問題2　つぎの文の　★　に入る最もよいものを、1・2・3・4から一つえらびなさい。

　　　公園の ＿＿＿＿ ＿＿＿＿ ★ ＿＿＿＿ あります。

　　　1　が　　　2　に　　　3　前　　　4　スーパー

（解答のしかた）

　1．正しい答えはこうなります。

　　┌───┐
　　│   │
　　│　公園の ＿＿＿＿ ＿＿＿＿ ＿★＿ ＿＿＿＿ あります。　│
　　│　　　　　3　前　　2　に　　4　スーパー　　1　が　　│
　　│   │
　　└───┘

　2．　★　に入る番号を解答用紙にマークします。

　　　　　　　　（解答用紙）　（例）　①　②　③　●

14　受付 「すみませんが、スイートルームはどこも満室で、シングルルームしか空いて
　　　　　　いないんです。」

　　　客 「部屋は、＿＿＿＿ ＿＿＿＿ ★ ＿＿＿＿ 、狭いところでも大丈夫です。」

　　　　　　　　　　　　　　　　　　　　　　　　　　　　　　　　👑👑👑

　　1　さえ　　　　　2　きれいで　　　　3　あれば　　　　4　明るくて

15　あの博物館は曜日 ＿＿＿＿ ＿＿＿＿ ＿＿＿＿ ★ 、事前に電話で確認したほうが
　　いいよ。
　　　　　　　　　　　　　　　　　　　　　　　　　　　　　　　　👑👑👑
　　1　開く時間　　　2　違うから　　　　3　によって　　　4　が

16 あとで ＿＿＿＿ ＿＿＿＿ ★ ＿＿＿＿ 食べたようだ。　　　👑👑👑

1　のに　　　　　2　誰^{だれ}かが　　　　3　つもりだった　　4　食べる

17 いちごは、何も ＿＿＿＿ ★ ＿＿＿＿ ＿＿＿＿ が好きです。　　👑👑👑

1　そのまま　　　2　の　　　　　　3　食べる　　　　　4　つけずに

18 私の誕生日^{たんじょうび}に、＿＿＿＿ ＿＿＿＿ ★ ＿＿＿＿ 大きなケーキを作ってくれた。

👑👑👑

1　きれない　　　2　食べ　　　　　3　友達が　　　　　4　ほど

電車に乗るときのマナー

　　マナーは国　19　いろいろ違います。共通のマナーもあれば、そうでないものもあります。何も知らず海外でしていた行動が実はマナー違反だったと知り、驚いた経験がある人もいるでしょう。今日は日本の電車を利用するときに　20　マナーをいくつか紹介したいと思います。

　　まず、電車を待つときは列を作って並びます。そして電車に乗るときは、降りる人を待ってから電車に乗ります。急いでいても並んでいる人の前に無理に入ったり、電車に走って乗ってはいけません。また車内では、大きな声で話したり、電話をするのもマナー違反です。食べものを食べることもあまりいいことだ　21　。優先席にできるだけ　22　のもマナーの一つです。優先席は、体が不自由な方やお年寄り、おなかに赤ちゃんのいる妊婦さんのための席です。もしあなたが座っているときに、お年寄りを　23　「どうぞ座ってください」と声をかけるのもいいでしょう。一人一人が気を付けることで、みんなが気持ちよく電車を利用することができます。電車に乗るときはマナーに気を付けてみましょう。

19

1　として　　　　　2　にとって　　　　3　に対して　　　　4　によって

20

1　守るわけにはいかない　　　　　2　守るべき

3　守るらしい　　　　　　　　　　4　守ろうとする

21

1　とは思われていません　　　　　2　と思われています

3　と言ってもいいでしょう　　　　4　と言わなければなりません

22　👑👑👑

1　座るつもりにする　　　　　　　　2　座るようにする

3　座らないわけにはいかない　　　　4　座らないようにする

23　👑👑👑

1　見つけるので　　2　見つけても　　　3　見つけるのに　　　　4　見つけたら

問題4　つぎの(1)から(4)の文章を読んで、質問に答えなさい。答えは、1・2・3・4から 最もよいものを一つえらびなさい。

(1)　　　　　　　　　　　　　　　　　　　　　　　　👑👑👑

　熱中症は昼間に外出や運動しているときだけでなく、まったく体を動かしていなくてもなる。例えば暑い夜、クーラーなしで寝ているときなどだ。熱中症を予防するには、水を飲むことが大切だ。人間の体の大部分は水でできているが、その中には体に必要なミネラルが入っている。汗をかくとミネラルもなくなる。だから水だけを飲むのではなくて、ミネラルもいっしょに飲むとよい。ミネラルを含む飲み物には麦茶、スポーツドリンクなどがある。

(注) 熱中症：高い気温の中で活動したために起こる頭痛などの症状

24 この文章の内容と合っているものはどれか。
　1　熱中症は昼間、活動しているときだけ起きる。
　2　クーラーを使いすぎないようにするべきだ。
　3　汗をかくと体の水だけがなくなる。
　4　麦茶は熱中症予防に効果的な飲み物だ。

(2)

　相手の気持ちを想像する力は時には大切だ。例えば、けんかしたときに、理由を聞いて
もうまく言えない子がいるとする。そんなとき、大人は目の前にあるものだけを見て、何
が起きたのかを想像してしまうことがあるだろう。そしてどちらが悪いか決めてしまうこ
ともある。しかし子どもは、何か思いがあったとしても必ずしもそれを言葉にできるわけ
ではない。そんなときはゆっくり待って、子どもの気持ちを考えるべきだ。相手が誰でも、
時にはそういうことが必要なのではないだろうか。

25　この文章の内容と合っているものはどれか。
　1　子どもがけんかしたときは現実と向き合うことが大切だ。
　2　子どもは自分の気持ちをうまく言葉にできないこともある。
　3　子ども相手の場合は、話をしっかり聞くことが大切だ。
　4　何かが起こったとき、常に目の前の事実ばかり見てしまうのが大人である。

(3)

　私たちは毎日、多くの広告を見ます。広告はバスや電車の車内、インターネットなど、どこにでもあります。広告は商品やサービスを宣伝するために出します。そのため、広告にはその商品のいいところが目立つように書かれていることが多くあります。物を買うときは、情報を選び、その商品が自分に必要なものかどうかよく考えることが重要です。

26　この文章を書いた人が最も言いたいことは何か。

1　必要な広告を多く読もう。

2　情報が多く入っている広告を出そう。

3　自分だけの広告を作ろう。

4　広告から必要な情報を選ぼう。

和菓子を作ってみませんか
(注)

和菓子を作って日本の文化を感じてみませんか。

日程：12月10日（日）午後1時から5時

場所：A市・市民会館（変更の可能性あり）

費用：一人300円

応募方法：メールまたはホームページの応募フォームから。

※夏に行われたときと内容は同じですのでご注意ください。小学生以下のお子様一
人でのご参加はできません。お子様ご参加希望の場合は、保護者の方がお申し込
みください。

（注）和菓子：日本のお菓子

27　この文章の内容と合っているものはどれか。

1　親子で参加する場合は300円払う必要がある。

2　参加料は事前に払わなければならない。

3　前回参加した人は参加することができない。

4　小学生以下の子どもも参加料を支払う必要がある。

問題5　つぎの(1)と(2)の文章を読んで、質問に答えなさい。答えは、1・2・3・4
　　　　から最もよいものを一つえらびなさい。

(1)　　　　　　　　　　　　　　　　　　　　　　　　　　　👑👑👑

　文学賞の作品を選ぶのはふつう作家や専門家である。しかし、書店の店員が作品を選
ぶ文学賞がある。それが「本屋大賞」である。作品を選ぶのは、社員、アルバイト関係
なく、書店で働いている店員たちだ。1年の間に自分で読んで「おもしろかった」「お客
さんにすすめたい」「自分の店で売りたい」と思った本を選んで投票する。2004年に始まっ
た「本屋大賞」の受賞作は、読者に近い感覚の作品が選ばれるため、よく売れるように
なると言われている。受賞した後にドラマや映画になり大ヒットした作品も多い。日本で
有名な文学賞である直木賞や芥川賞を受賞するよりも、「本屋大賞」に選ばれたほうが本
が売れると言っても言い過ぎではない。
　一方で、受賞作はみんなに好かれるような平均的な作品が多く、他とは違う、常識で
は考えられないような特別な作品が登場しないという声もある。

28　「本屋大賞」を選ぶのは誰か。
　1　専門家　　　　　2　作家　　　　　　3　書店の店員　　　4　読者

29　「本屋大賞」はどんな本の中から選ばれるのか。
　1　1年の間に自分が読んだ本
　2　今までで感動した本
　3　お客さんにすすめられた本
　4　よく売れた本

30　「本屋大賞」に選ばれるとその本が売れるのはなぜか。
　1　読者の感覚に近いから。
　2　直木賞や芥川賞に選ばれる本は難しいから。
　3　みんなに好かれて平均的だから。
　4　常識では考えられない作品だから。

　「ワンオペ」とは「ワンオペレーション」のことである。深夜のコンビニなどのように
働く人が足りない場合には一人ですべての仕事をしなければならない、ということを意味
している。だから一人の責任が大きくなり、働きすぎることになる。働く環境が悪いと
いう社会問題を表現した言葉だ。①このことは仕事をする会社だけでなく、家庭でも起き
ている。「ワンオペ育児」という。子どもを育てるのは男性と女性が協力するのが理想だが、
現実には女性が一人で行う場合が多い。その上、女性が会社で働いていても育児に参加し
ない男性もいる。そのため女性は「ワンオペ育児」で心も体も疲れてしまう。日本の男性
の育児参加時間は世界的にみても、とても少ない。「ワンオペ育児」は2017年の流行語の
一つに選ばれたが、②流行語で終わらせてはならない問題である。

31　①このこととは何か。

　1　仕事がよくできるので一人で全部すること

　2　深夜のコンビニでの仕事が大変なこと

　3　一人の責任が大きく、働きすぎること

　4　人が不足しているので働く人を増やすこと

32　日本の育児問題の説明として正しいものはどれか。

　1　日本の女性は働いていても育児を一人ですることが多い。

　2　日本の男性は育児をすることで世界でも有名だ。

　3　日本の女性は育児も仕事も一人でするのが好きだ。

　4　日本の男性は育児で心も体も疲れている。

33　この文章を書いた人が、②流行語で終わらせてはならないと考えるのはなぜか。

　1　女性の育児問題を解決することが必要だから。

　2　流行語に選ばれるとみんながおもしろいと思うから。

　3　世の中の注目が集まるのはとてもいいことだから。

　4　流行語に選ばれるほどに社会が注目しているから。

問題6 つぎの文章を読んで、質問に答えなさい。答えは、1・2・3・4から最もよいものを一つえらびなさい。 👑👑👑

　日本に住んでいる外国の方に必要な情報を正しく伝えるために、「やさしい日本語」を使うところが増えてきました。「やさしい日本語」とは外国人にもわかりやすい簡単な日本語のことです。地震などの自然災害のときの案内や支援など、重要なお知らせを出すときに、外国語といっしょに「やさしい日本語」で書かれた資料を出しているところも多くなったような気がします。

　私は外国人の子どもやその親に日本語を教える活動をしています。その中でよくあるのが、子どもの学校からお知らせの紙をもらったが、内容がよくわからないというものです。私はその紙をいっしょに見て、簡単な日本語で内容を説明するようにしています。紙を見るたびに文化も言葉も違う国から来た人々にとって、この1枚の紙を理解するのがどれだけ大変なんだろうとよく考えます。

　そんなある日、ある市の小中学校で家庭に渡すお知らせの紙に「『やさしい日本語』を入れる」というニュースを見ました。市がいくつかの言語、そして「やさしい日本語」で文章を作り、それを学校で必要なときに内容を変えて使えるようにするというものでした。そのニュースを見てとてもすばらしい取り組みだなと思いました。

　この取り組みがきっかけで多くの外国人親子が日本の小中学校に親しみを持ってくれるとうれしいですし、「やさしい日本語」を多くの日本人に知ってもらいたいなと思っています。

（注1）自然災害：地震、台風などの自然現象から起きる被害
（注2）取り組み：全力で事にあたること

34　「やさしい日本語」はどんなものだと言っているか。

　　1　外国人にわかりやすいようにゆっくり話す日本語
　　2　外国人にわかりやすいように漢字を使わない日本語
　　3　外国人にわかりやすいように簡単な言葉を使った日本語
　　4　外国人が外国人のために書いた日本語

35　この文章を書いた人が日本語を教えて気が付いたことはどんなことか。

1　簡単な日本語で説明するのは難しいということ

2　外国人にとって学校からのお知らせは難しいということ

3　簡単な日本語を使えない日本人が多いということ

4　外国人にとって学校の先生と話すのは難しいということ

36　この文章を書いた人は、どんなニュースを見たか。

1　小学校の先生が「やさしい日本語」を使うようになったというニュース

2　学校が「やさしい日本語」を使った教科書を作ったというニュース

3　ある市が学校のお知らせに「やさしい日本語」を使い始めたというニュース

4　中学校で「やさしい日本語」を教え始めたというニュース

37　この文章の内容と合っているものはどれか。

1　市の取り組みがきっかけで外国人に興味を持つ日本人が増えた。

2　「やさしい日本語」を使わない外国人が多い。

3　ボランティアを通して外国人のやさしさを知った。

4　「やさしい日本語」に興味を持つ人が増えてほしい。

読
解

第
2
回

25

問題7　右のページは、美術館利用案内である。これを読んで、下の質問に答えなさい。
答えは、1・2・3・4から最もよいものを一つえらびなさい。👑👑👑

38　高校生の南さんは大学生の姉と父親の3人で美術館に行く予定である。入場料金は3人でいくらかかるか。

1　700円

2　900円

3　1,000円

4　1,200円

39　美術館利用案内の内容と合っているものはどれか。

1　午後5時まで入ることができる。

2　小学生はいつでも無料で入場できる。

3　入館のとき、中学・高校生は学生証が必要になる。

4　インターネットで美術館の歴史が確認できる。

さくら市立美術館利用案内

◆入場料金

大人	400円
高校生・大学生	300円 ※学生証などの学生だということがわかるものが必要です
中学生以下	無料
さくら市に住んでいる65歳以上の人	無料 ※生年月日がわかるものが必要です
＊障がい者証明をもっている人 ※いっしょに来る人も一人だけ入れます	無料 ※証明を受付で見せてください

※無料の人も特別な展示はお金がかかります。

◆美術館までの行き方
地下鉄：さくら市営地下鉄の市立美術館前駅で降りてください。
バス：さくら駅前より市立美術館行きのバスに乗り、美術館前で降りてください。

◆営業時間
午前9時30分から午後5時（4時30分までに入ってください）

◆休みの日
・ 月曜日（その日が祝日・休日のときは開いています。そのときは次の日が休みです）
・ 12月28日〜1月4日
・ 次の展示の準備をしている期間

◆連絡先
〒123-1111
さくら市1丁目12−3
TEL：05-1234-5555

※展示会の年間スケジュールはホームページをご確認ください。美術館の歴史や今までの展示の内容をまとめた、「美術館だより」をホームページより無料で見ることができます。ぜひご確認ください。

＊障がい者：体が不自由な人

通し聞き用音声
🎧 MP3 N3-2-40

N3
ちょうかい
聴解
（40分）

注　意
Notes

1. 試験が始まるまで、この問題用紙を開けないでください。
   Do not open this question booklet until the test begins.

2. この問題用紙を持って帰ることはできません。
   Do not take this question booklet with you after the test.

3. 受験番号と名前を下の欄に、受験票と同じように書いてください。
   Write your examinee registration number and name clearly in each box below as written on your test voucher.

4. この問題用紙は、全部で14ページあります。
   This question booklet has 14 pages.

5. この問題用紙にメモをとってもいいです。
   You may make notes in this question booklet.

受験番号 Examinee Registration Number	

名　前　Name	

もんだい
問題 1

🎧 MP3　N3-2-01

問題 1 では、まず質問を聞いてください。それから話を聞いて、問題用紙の 1 から 4 の中から、最もよいものを一つえらんでください。

れい　🎧 MP3　N3-2-02

1　600円

2　700円

3　800円

4　900円

聴解

第2回

31

1ばん 🎧MP3 N3-2-03

1　お茶についての本を読む
2　図書館で本を借りる
3　高橋くんにれんらくする
4　レポートを書く

2ばん 🎧MP3 N3-2-04

1　白い着物
2　ピンクの着物
3　赤い着物
4　ピンクのかばん

3ばん 🎧MP3 N3-2-05 👑👑👑

1 カーテンを買いに行く
2 お姉ちゃんにれんらくする
3 インターネットで調べる
4 お花をさがす

4ばん 🎧MP3 N3-2-06 👑👑👑

1 料理の手伝いをする
2 ぶちょうふうふを駅に迎えに行く
3 食器をテーブルに並べる
4 部屋のそうじをする

1.

2.

3.

4.

6ばん　🎧 MP3 N3-2-08　👑👑👑

1　ホテルの予約をへんこうする

2　しんかんせんのチケットを買う

3　車のじゅんびをする

4　レストランをさがす

問題2

🎧 MP3 N3-2-09

問題2では、まず質問を聞いてください。そのあと、問題用紙を見てください。読む時間があります。それから話を聞いて、問題用紙の1から4の中から、最もよいものを一つえらんでください。

れい 🎧 MP3 N3-2-10

1　かんたんに作れるから

2　社員食堂がこんざつしてるから

3　節約になるから

4　おいしいから

1ばん 🎧MP3 N3-2-11 ♛♕♕

1 クリスマスのケーキを作<ruby>作<rt>つく</rt></ruby>るため

2 じゅぎょうりょうが安<ruby>安<rt>やす</rt></ruby>いから

3 家<ruby>家<rt>いえ</rt></ruby>から近<ruby>近<rt>ちか</rt></ruby>いから

4 ケーキ作<ruby>作<rt>づく</rt></ruby>りが好<ruby>好<rt>す</rt></ruby>きだから

2ばん 🎧MP3 N3-2-12 ♛♛♛

1 パソコンを使<ruby>使<rt>つか</rt></ruby>いたかったため

2 学校<ruby>学校<rt>がっこう</rt></ruby>を休<ruby>休<rt>やす</rt></ruby>む手続<ruby>手続<rt>てつづ</rt></ruby>き方法<ruby>方法<rt>ほうほう</rt></ruby>を知<ruby>知<rt>し</rt></ruby>るため

3 書類<ruby>書類<rt>しょるい</rt></ruby>の書<ruby>書<rt>か</rt></ruby>き方<ruby>方<rt>かた</rt></ruby>を教<ruby>教<rt>おし</rt></ruby>えてもらうため

4 親<ruby>親<rt>おや</rt></ruby>の健康<ruby>健康<rt>けんこう</rt></ruby>をかくにんするため

3ばん　🎧 MP3 N3-2-13　♛♛♛

1　テストでいい点を取りたいから

2　試験にごうかくしたいから

3　しょうらい、りゅうがくしたいから

4　英語で文法を勉強したいから

4ばん　🎧 MP3 N3-2-14　♛♛♛

1　男の人が泣いてもいいところ

2　最後にけっこんするところ

3　おきなわに旅行するところ

4　歌が物語に合っているところ

5ばん 🎧 MP3 N3-2-15　　　　　　　　　　　♕♕♕

1　そうじきやオーブンレンジをあげたいから
2　受け取ったときに感動する物のほうがいいから
3　食器のほうが便利だから
4　みんながいやだと言っているから

6ばん 🎧 MP3 N3-2-16　　　　　　　　　　　♕♕♕

1　時給が高いところ
2　交通費をもらえるところ
3　食事が出るところ
4　家から近い場所で働くところ

もんだい
問題3

🎧 MP3　N3-2-17

問題3では、問題用紙に何もいんさつされていません。この問題は、ぜんたいとしてどんなないようかを聞く問題です。話の前に質問はありません。まず話を聞いてください。それから、質問とせんたくしを聞いて、1から4の中から、最もよいものを一つえらんでください。

れい　　　🎧 MP3　N3-2-18

1ばん　　🎧 MP3　N3-2-19　　　　　　　　　　　　　　👑👑👑

2ばん　　🎧 MP3　N3-2-20　　　　　　　　　　　　　　👑👑👑

3ばん　　🎧 MP3　N3-2-21　　　　　　　　　　　　　　👑👑👑

― メモ ―

🎧 MP3 N3-2-22

問題4では、えを見ながら質問を聞いてください。やじるし（➡）の人は何と言いますか。1から3の中から、最もよいものを一つえらんでください。

れい 🎧 MP3 N3-2-23

1 ばん　🎧 MP3 N3-2-24　👑👑👑

2 ばん　🎧 MP3 N3-2-25　👑👑👑

3ばん 🎧 MP3 N3-2-26

4ばん 🎧 MP3 N3-2-27

問題5

問題5では、問題用紙に何もいんさつされていません。まず文を聞いてください。それから、そのへんじを聞いて、1から3の中から、最もよいものを一つえらんでください。

れい　🎧 MP3 N3-2-29

1ばん　🎧 MP3 N3-2-30　👑👑👑

2ばん　🎧 MP3 N3-2-31　👑👑👑

3ばん　🎧 MP3 N3-2-32　👑👑👑

4ばん　🎧 MP3 N3-2-33　👑👑👑

5ばん　🎧 MP3 N3-2-34　👑👑👑

6ばん　🎧 MP3 N3-2-35　👑👑👑

7ばん　🎧 MP3 N3-2-36　👑👑👑

8ばん　🎧 MP3 N3-2-37　👑👑👑

9ばん　🎧 MP3 N3-2-38　👑👑👑

― メモ ―

N3 げんごちしき（もじ・ごい）

じゅけんばんごう
Examinee Registration
Number

なまえ
Name

問題 1

	1	2	3	4
1	①	②	③	④
2	①	②	③	④
3	①	②	③	④
4	①	②	③	④
5	①	②	③	④
6	①	②	③	④
7	①	②	③	④
8	①	②	③	④

問題 2

	1	2	3	4
9	①	②	③	④
10	①	②	③	④
11	①	②	③	④
12	①	②	③	④
13	①	②	③	④
14	①	②	③	④

問題 3

	1	2	3	4
15	①	②	③	④
16	①	②	③	④
17	①	②	③	④
18	①	②	③	④
19	①	②	③	④
20	①	②	③	④
21	①	②	③	④
22	①	②	③	④
23	①	②	③	④
24	①	②	③	④
25	①	②	③	④

問題 4

	1	2	3	4
26	①	②	③	④
27	①	②	③	④
28	①	②	③	④
29	①	②	③	④
30	①	②	③	④

問題 5

	1	2	3	4
31	①	②	③	④
32	①	②	③	④
33	①	②	③	④
34	①	②	③	④
35	①	②	③	④

N3 げんごちしき（ぶんぽう）・どっかい

JLPTリアル模試 かいとうようし【第2回】

じゅけんばんごう
Examinee Registration
Number

なまえ
Name

問題 1

1	①	②	③	④
2	①	②	③	④
3	①	②	③	④
4	①	②	③	④
5	①	②	③	④
6	①	②	③	④
7	①	②	③	④
8	①	②	③	④
9	①	②	③	④
10	①	②	③	④
11	①	②	③	④
12	①	②	③	④
13	①	②	③	④

問題 2

14	①	②	③	④
15	①	②	③	④
16	①	②	③	④
17	①	②	③	④
18	①	②	③	④

問題 3

19	①	②	③	④
20	①	②	③	④
21	①	②	③	④
22	①	②	③	④
23	①	②	③	④

問題 4

24	①	②	③	④
25	①	②	③	④
26	①	②	③	④
27	①	②	③	④

問題 5

28	①	②	③	④
29	①	②	③	④
30	①	②	③	④
31	①	②	③	④
32	①	②	③	④
33	①	②	③	④

問題 6

34	①	②	③	④
35	①	②	③	④
36	①	②	③	④
37	①	②	③	④

問題 7

38	①	②	③	④
39	①	②	③	④

N3 ちょうかい

JLPTリアル模試 かいとうようし【第2回】

じゅけんばんごう
Examinee Registration Number

なまえ
Name

もんだい 問題 1

	①	②	③	④
れい	①	②	●	④
1	①	②	③	④
2	①	②	③	④
3	①	②	③	④
4	①	②	③	④
5	①	②	③	④
6	①	②	③	④

もんだい 問題 2

	①	②	③	④
れい	①	●	③	④
1	①	②	③	④
2	①	②	③	④
3	①	②	③	④
4	①	②	③	④
5	①	②	③	④
6	①	②	③	④

もんだい 問題 3

	①	②	③	④
れい	①	●	③	④
1	①	②	③	④
2	①	②	③	④
3	①	②	③	④

もんだい 問題 4

	①	②	③
れい	●	②	③
1	①	②	③
2	①	②	③
3	①	②	③
4	①	②	③

もんだい 問題 5

	①	②	③
れい	①	●	③
1	①	②	③
2	①	②	③
3	①	②	③
4	①	②	③
5	①	②	③
6	①	②	③
7	①	②	③
8	①	②	③
9	①	②	③